中国博士后科学基金面上资助项目（批准号：2014M560087）
中国博士后科学基金特别资助项目（批准号：2015T80091）

贵州山地民族聚落研究丛书

Research Series on Mountainous Minorities Settlements in Guizhou

形成与演变：从文本与空间中探索聚落营建史

Formation and Evolution: A History of Settlements Construction Bwtween Space and Text

周政旭　著

中国建筑工业出版社

图书在版编目（CIP）数据

形成与演变：从文本与空间中探索聚落营建史／周政旭著. —北京：中国建筑工业出版社，2016.3
（贵州山地民族聚落研究丛书）
ISBN 978-7-112-19060-7

Ⅰ. ①形… Ⅱ. ①周… Ⅲ. ①少数民族-部落-研究-贵州省 Ⅳ. ①K280.73

中国版本图书馆CIP数据核字（2016）第024894号

本书结合人类学、形态学等学科方法，以人居科学整体生成论为基础，借助民族志文本与聚落空间信息等材料，探讨山地少数民族聚落形成与演变的历史过程。本书以贵州省扁担山——白水河地区、雷公山——陶尧河地区以及都柳江流域“南侗”地区为田野地，分别对布依族、苗族、侗族的三种典型山地民族的聚落营建历史，进行了探索。

责任编辑：徐晓飞　张　明
责任校对：陈晶晶　张　颖

贵州山地民族聚落研究丛书
形成与演变：从文本与空间中探索聚落营建史
周政旭　著
*
中国建筑工业出版社出版、发行（北京西郊百万庄）
各地新华书店、建筑书店经销
北京锋尚制版有限公司制版
北京中科印刷有限公司印刷
*
开本：787×1092毫米　1/16　印张：10　字数：200千字
2016年12月第一版　2016年12月第一次印刷
定价：30.00元
ISBN 978-7-112-19060-7
（28330）

前　言

贵州位于中国西南，地处云贵高原东部，是全国唯一没有平原支撑的省份。全省平均海拔为1100米左右，山地与丘陵面积占全省面积的92.5%，是典型的“山地省”。同时，贵州是一个少数民族聚居的省份，是最富于民族特色的省份之一。数千年以来，少数民族的祖先陆续从周边迁徙到贵州，从事农耕或者半游牧生产，并以村寨、部落的方式逐渐定居下来。由于地形富于变化、山川阻隔影响较大，同时历史上长期游离于中央行政管辖之外，因此各民族在迁徙与定居的过程中，形成了“大杂居、小聚居”的分布状态，并形成、发展和保留了各自独特的民族文化。时至今日，贵州省世代居住有苗、侗、布依、仡佬等17个少数民族，各少数民族文化千姿百态，多元共生。

在此背景下，贵州形成了诸多丰富多彩的山地聚落。截至2014年，在住房和城乡建设部、文化部等多部门联合公布的3批共2555个中国传统村落名录中，贵州省共有426个村落名列其中，占到全国的约17%。而这426个村落，基本都是山地聚落的典型代表。此外，遍及全省还有为数众多、各具特色的山地聚落。它们植根当地，适应自然，巧妙地解决了人在山地严苛的生存压力之下的聚居问题，并且发育出十分突出的民族特色，具有十分重要的历史价值、文化价值。同时，山地聚落特色的保护与发展，能够对当地人居改善、旅游发展起到积极作用，进而有效提高当地农民收入水平，是贵州这个典型贫困山区贫困空间治理的重要方面之一。

自2002年进入清华大学开始，本人开始对聚落产生兴趣。2006年进入吴良镛教授门下攻读博士学位，2013年在朱文一教授指导下进行博士后研究，非常幸运地、我对贵州的研究得到了两位导师的全力支持与悉心指导。尤其是在2013年清华大学建筑与城市研究所、贵州省住房和城乡建设厅合作项目的支持下，笔者开始以贵州省为主要研究基地，对其众多藏于深山之中、独具魅力的少数民族聚落开展调查与研究。本书即是这些年来点滴思考的集合。主要分为五个部分：第一部分是对贵州少数民族聚落与建筑研究的综述；第二部分从方法论的角度出发，讨论研究的对象，方法路径等；第三至五部分，分别以贵州省布依、苗、侗三个典型的山地少数民族为案例，剖析其聚落营建的历史过程及其核心问题。

同时，本书也是“贵州山地民族聚落研究系列”的第一本。

周政旭

2016年2月

于清华园

目录

3 扁担山—白水河谷地区布依族山地聚落营建研究

4 雷公山—陶尧河地区苗族山地聚落营建研究

5 都柳江流域“南侗”地区侗族山地聚落营建研究

1

贵州山地民族聚落及建筑研究综述

A REVIEW ON MOUNTAINOUS SETTLEMENTS AND ARCHITECTURE OF GUIZHOU MOUNTAINOUS MINORITIES

苗族 | 郎德

苗族 | 岜沙

侗族 | 肇兴

侗族 | 高增

布依族｜石头寨

布依族｜高荡

贵州省是我国少数民族聚居的地区，多民族在该地区呈“大杂居，小聚居”分布特点，而散布于山间河边的各类少数民族聚落是其生产生活的重要场所，在漫长的、基本游离于现代工业化进程之外的演化过程中，各民族在其聚落的规划布局、场所营建、建筑兴造等方面，形成了自己的特色，是丰富多彩的民族民俗文化最重要的容器与载体之一（图1-1）。因此，吸引了众多学者的关注，尤其是近些年，伴随着“发现贵州秘境”的社会风潮，关于贵州少数民族聚落和建筑的研究越来越丰富。

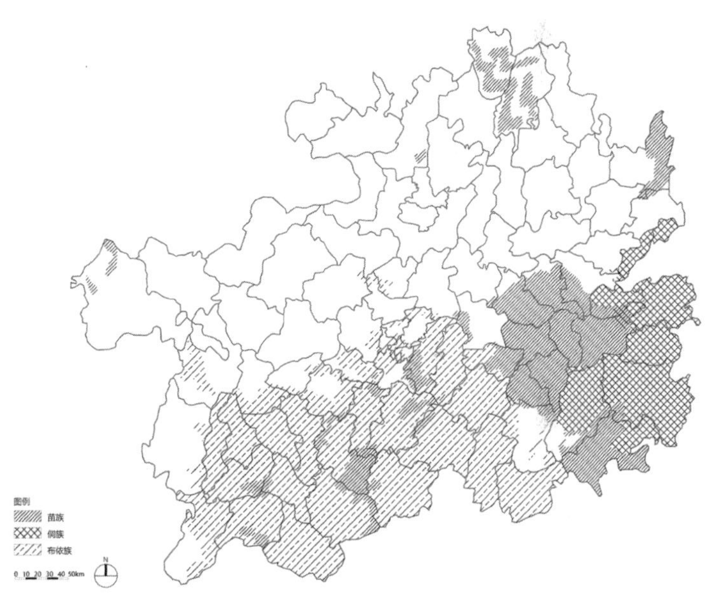

图1-1 贵州境内苗族、侗族、布依族主要分布地
（来源：根据贵州省国土资源厅《贵州民族》地图绘制）

对于贵州少数民族聚落与建筑的研究，总体而言主要来源于以下三个方面：建筑学、规划学的角度，人类学、民族学的角度，文博、旅游等泛文化的角度。本章将研究对象确定为少数民族聚落及其建筑，内容涉及贵州少数民族聚落以及建筑的自然社会背景、形成发展过程、所具有的特点以及将来的发展趋向。同时本章将采取学科综合研究的视野，不局限于聚落建筑的空间物质层面，同时关注其社会文化层面，

希望对贵州的少数民族聚落建筑研究做一系统梳理。

1.1 简要分期

现代学术意义上的贵州少数民族聚落与建筑的研究，起源于20世纪初。以长时段观之，大致可分为三个时期。

1.1.1 20世纪初至新中国成立

关于贵州少数民族村落的研究与介绍，实际上最早将其引入现代学术视野的是人类学家。20世纪初，日本人类学家鸟居龙藏1902-1903年间对贵州、云南、四川等省进行了以民族、语言、考古遗址为主要内容的考查，以此调研为基础，发表了《从人类学上所看到的中国西南地区》等文章，内容包括部分民族村落、民居、古迹等，是最早一批在学术意义上将贵州少数民族的生活情况、民俗风情、聚落民居向外界进行介绍的学术研究。此后，还有一大批日本学者（如百鸟芳郎、铃木正崇才等）保持了对西南/贵州少数民族的关注。

民国时期，出于稳定边区统治的需要，以及“二战”科研机构内迁等原因，政府、学者等多次展开对贵州少数民族地区的调查（马玉华，2005），但其主要是基于人口、地域、生活、物产等基础性、概括性的调研，对聚落建筑研究涉及极少。值得注意的是吴泽霖、陈国钧等大夏大学学者的田野调查研究。抗日战争时期，大夏大学内迁贵州，意识到贵州少数民族存在极高的研究价值，正如当时大夏大学校长王伯群所言，“吾大夏大学迁黔以后，即以研究西南各种问题为务。西南各种问题中，尤以苗夷问题为最重要。”[1]由此，吴泽霖、陈国钧等学者展开了对于贵州少数民族的田野调查，1942年出版《贵州苗夷社会研究》一书，书中刊载了50余篇论文，除了发掘、记录、整理当时贵州少数民族社会历史文

[1] 王伯群为《贵州苗夷研究丛刊》所作的序，见于吴泽霖，陈国钧. 贵州苗夷社会研究（贵州苗夷研究丛刊之二）. 贵阳：文通书局，1942.

化，将其引入全国人类学、社会学的学术视野之外，书中部分篇章，对于今日的聚落研究人员来说具有较高的学术意义。比如，陈国钧先生的《都柳江苗夷的分布》、《北盘江苗夷的分布》、《清水江苗夷的分布》、《水家的地理分布》四篇，着眼于少数民族聚居的分布特点（同样也代表着聚落的地理分布特点），对于研究聚落分布、地理环境影响等具较高的学术价值。陈国钧的《侗家中的鼓楼》则注意到鼓楼的建筑价值、社会价值。李植人的《蒙贡寨的重阳节》、陈国钧的《苗寨中的乡规》等数篇，则描述和记录了当时聚落中的社会生活状况。

人类学者在20世纪初的研究，尽管其主要对象通常都是贵州的少数民族，其研究方法也都采用人类学、民族学的典型研究方法，但其研究成果部分涉及作为民族生活场所和文化容器的聚落空间，他们的研究开创了贵州民族聚落这一新领域，为今日的聚落研究学者提供了特定时空的素材，对于今天了解少数民族村落的研究历史也具有积极作用。

此外，建筑学界将目光投向这片区域也开始于20世纪40年代，成文的并不多。1948年，戴裔煊在考察收集广西、贵州、云南等地的干阑建筑之后，结合古籍资料考其源流，并与东南亚的干阑民居相比较，写作了《干阑：西南中国原始住宅的研究》，是笔者阅及的较早的（如果不是最早的话）涉及贵州民族建筑的建筑学论著，其研究将干阑这一极具地方特色的民居建筑形式介绍给建筑学术界。但坦率而言，建筑学界对贵州少数民族聚落及建筑的研究开始十分晚，即便只在西南地区比较，贵州的少数民族聚落建筑研究，也远远落后于邻近的云南、四川诸省❶。

1.1.2 新中国成立至20世纪80年代末

从新中国成立至20世纪80年代末的40年时间，其间多有中断与停滞，研究成果并不十分丰富，但却是贵州少数民族聚

❶营造学社内迁西南之际，梁思成、刘敦桢、刘致平诸先生对四川、云南等古建筑（包括少数民族建筑）进行了考察，陆续写成了《云南一颗印》（1944）等文章，而以此次调研为基础刘致平先生的《中国建筑类型及结构》（1957）与刘敦桢先生的《中国住宅概说》（1958）两书，都被视为民居研究的“开山之作”，非常遗憾，这两本“全国性”的民居介绍图书中都没涉及贵州的少数民族建筑。

落与建筑从默默无闻走向为外人所知，并且奠定研究基础的一个重要时期。

人类学、民族学界持续关注，积累不少民族聚落与建筑研究的第一手资料。新中国成立后，五六十年代曾由国家组织进行过对贵州境内少数民族进行社会历史调查，形成了《中国少数民族调查资料丛书》，其中的苗族、布依族、侗族等社会历史调查专集，对贵州境内的少数民族社会作了全面的呈现。1983年，贵州省开始组织进行“六山六水民族调查”，调查遍及贵州各少数民族聚居区域，深入村寨，选题也十分丰富，其中不少关注聚落与建筑。

建筑学界对贵州少数民族建筑的关注也开始起步。最早的研究是围绕“干阑”、“石板房”、“鼓楼”、“风雨桥”这几种独具特色的少数民族建筑形式展开的。邓焱（1981），罗德启（1983），李先逵（1983）等开始研究并介绍贵州的少数民族建筑。此外，由于部分少数民族村落与建筑具备极强的文物价值，鼓楼、风雨桥等少数民族建筑瑰宝陆续被评为国家文物保护单位，针对这些建筑也做了研究，代表有胡光华（1982a，1982b）等，但这一系列的文章多为介绍、描述性质为主。这些论著，尽管并不是很多，但却引起了较大的反响，使学界的目光开始投向这一区域，同时，这些研究也初步奠定了关于贵州少数民族建筑研究的基本方向。

这一阶段，专门针对聚落的研究也开始起步，于1988年中国民居学术会议上，邹洪灿宣讲的“侗族村寨形态初探”（邹洪灿，1991）从选址、构成、布局、民居等方面对侗族聚落进行了研究。

1.1.3 20世纪90年代至今

自20世纪90年代开始，对贵州少数民族建筑的研究日渐丰富，研究成果屡屡问世，其中不乏一批重量级成果。这一批著作中，有的从“新”处着手，重在挖掘新的典型建筑与聚落；有的从“广”处着手，重在构建整个贵州少数民族建筑的谱系；有的向“深”处发展，深入挖掘建筑形成与存在的影响因素、内在功能结构、外显价值等。比如唐国安（1990），彭礼福（1990），李先逵（1992b），吴正光（1991），金珏（1993），张良皋（1997）等对苗、侗等少数民族民居建筑的研究。

这一阶段，对于“聚落”的研究渐成主流。随着聚居理论的引入，以及受吴良镛《人居环境科学理论》的影响，从20世纪末开始，对贵州地区少数民族村落的研究开始从民居扩展到聚落层面，开始以生成整体的方式，全方位考察聚落的生态环境、生产生活、经济社会、聚落形态等综合性问题。

这一阶段的研究还具备学科综合的特点，针对聚落，着眼于社会、经济、建筑、文保等多学科领域且注重融汇，形成了一系列的综合研究成果。

1.2 从民居到聚落

对少数民族的居住地而言，民居与聚落是涵盖范围不一却又相互紧密联系的两个领域，民居存在于聚落环境之中。建筑学界最早是从关注贵州极具特点的少数民族民居开始的，而民居又和周围自然人文环境息息相关，聚落是承载这一切的最重要的容器，对民居的研究离不开对聚落的了解。由此，聚落自身的产生形成规律、空间结构形态、与自然社会结合的方式、所形成的民族文化等纳入了研究的重点。

在民居、聚落这两大主题之下，近些年的研究集中于以下议题：

1.2.1 关注干阑、鼓楼等特定类型建筑

自1948年戴裔煊发表《干阑：西南中国原始住宅的研究》之后，“干阑”一词就几乎成为西南山区民族主要建筑形

式的代名词。对于“干阑式建筑”的专题研究成为民居研究的重要方向。罗德启（1983，1994a），李先逵（1983，1992a，2009），以及多位日本学者等在新中国成立后，针对苗、侗、布依等少数民族住居具有“干阑（干栏、栏干）”建筑突出且普遍的特点进行了持续而深入的探讨，这一探讨还延续至今，诸如朱馥艺（1997），邹冰玉（2004）等的研究。

此外，侗族村寨中鼓楼以及风雨桥的突出的价值，也较早地为人所关注。1985年，由贵州省文管会办公室、贵州省文化出版厅文物处主编的论文集《侗寨鼓楼研究》出版，其中多篇文章从建筑与聚落的角度，对侗寨鼓楼进行了研究。这其中包括黄才贵的《侗寨鼓楼研究》、吴正光的《“鼓楼文化”试探》，张民《试探侗族鼓楼》、李多扶《侗寨鼓楼建筑初探》、黄浩《试论侗寨鼓楼的建筑学价值》、石开忠《试论侗寨鼓楼的社会价值》、杨国仁《侗寨与鼓楼》等。从文章多以“试论”、“试探”为名也可看出，对侗寨鼓楼的研究从那时开始起步。同年，《贵州民族研究》也出版了一期关注侗寨鼓楼的期刊，其中有关建筑的论文有石若屏（1985）《鼓楼史话》，石庭章（1985）《谈侗寨鼓楼及其社会意义》，吴佺新等（1985）《优秀的传统建筑艺术——从江鼓楼群》。这本论文集以及这期专刊，多以建筑学（包括聚落）的视点聚焦于侗族村寨及其重要建筑——鼓楼，对于吸引建筑界的目光关注这一领域具有重要的作用。

1.2.2 中国民居视野中的贵州少数民族民居与聚落

20世纪末至21世纪初，建筑学界兴起了民居研究的热潮。这一时期，大量的关于民居的研究图书出版。而随着贵州少数民族聚落和建筑价值的不断发掘以及推介，各类概论性、全局性的民居研究中，往往将贵州的少数民族民居纳入其中。

王其钧（1991）提到了西南的干阑式民居和贵州布依族的石板房建筑；斯心直（1992）以不多的篇幅介绍贵州的苗、

侗等少数民族聚落及其建筑，此外还将部分篇幅聚焦到了聚落这一层面，以宗族、宗教、贸易三个方面为划分介绍了聚落的形态布局特点；陈从周等（1993）以“吊脚楼”、“石构民居”两章介绍贵州民居；戴志中等（2003）在对西南整个地域的介绍中涉及了部分贵州的少数民族村落建筑；孙大章（2004）则在专著中辟专章研究了苗、侗、布依等少数民族聚落与建筑。此外，近些年还有刘森林（2009），吴正光（2010）等的全国性民居专著中的贵州部分等。

这些整体性的民居研究专著中，通常将贵州省内少数民族聚落及其建筑作为其中的案例加以介绍分析，同时又系统分析全国民居的共性，总结出地理、建材、经济、文化等对地方聚落的影响作用过程，分析聚落的形制特点等，具有普遍意义。此外，我们还可以发现两个特点：一是贵州民居为建筑界所认知经历了一个较长的过程，早期资料与研究的匮乏从早期“民居”图书的缺失[1]与单薄可见一斑，随着研究的展开，贵州民居因其独有的特点才逐渐成为“中国民居”相关研究图书中不可或缺的一部分；二是方法论上，研究也开始从单独的民居建筑研究，扩展成为具有聚落环境考量的民居研究，在对某一类型、某一民族的民居进行阐述之前，通常都会介绍其存在的聚落特点，将聚落与民居视为一个整体。

此外，还有部分以某种特定视野下地理单元的研究中将贵州民居作为一个考查点，比如杨昌鸣（2004）将视野扩展至中国西南与东南亚这一“文化区域”，分析其特点与共性。

1.2.3 贵州民居研究专著

随着外界对了解贵州民居的渴求的不断增长，同时也随着省内少数民族民居与聚落研究的广度、深度不断增加，关于贵州民居的专著也陆续问世。罗德启（1994b）的《老房子——贵州民居》，李玉祥（1996）的《老房子——侗族木楼》，贵州省建设厅（2006）组织编写的《图像人类学视野中

[1] 例如，20世纪80年代，中国建筑工业出版社出版一套的“中国民居系列图书”，包括《云南民居》、《浙江民居》、《福建民居》、《桂北民间建筑》等，不含贵州民居。

的贵州乡土建筑》，以图片为主要载体，较为系统地描绘了贵州少数民族建筑瑰宝的概貌。

谭鸿宾、罗德启（1998）的《中国民族建筑·贵州篇》涉及苗、布依、水、仡佬、土家、彝、侗多个少数民族，在主要研究各族建筑的同时，对于部分重点村落，也将研究视野扩展到聚落层面，研究了聚落环境、聚落整体布局、聚落景观等。此外，李先逵（2005）系统地介绍了苗族的吊脚楼民居。

2008年罗德启独著或合著的两本主要以贵州少数民族聚落及建筑为研究对象的著作：《贵州民居》与《贵州民居——千年家园》是迄今研究贵州民居的最为全面的专著，作者研究范围覆盖全省，以类型学的原理对贵州境内民居进行全面梳理并分类研究，遵循区域——聚落——建筑的分层次的原则进行分析。其中，后书对聚落的分析占了更大的篇幅，研究也更为深入，分别从山寨形成与聚居环境的影响，聚落的形成、场所与类型，聚落建筑文化及外部空间特征这几个方面对聚落进行了全面的研究。

1.2.4　对聚落的专门研究

民居不可能单独存在，吴良镛先生在论及地方建筑之时说道，“建筑文化研究要从多方面入手，如文化继承性、生态环境观、人文环境观以及建筑的地区性等已有的和即将取得的研究成果”（吴良镛，1997）。它必然存在于自然与人文环境之中。因此，将民居的研究扩展至整个聚落就成为必然。近年，关于贵州少数民族聚落的研究成果也陆续出现。比如，伍家平（1992）开始从地理方面对少数民族聚落进行分析；汪之立等（1994）研究了肇兴、报京、朗德、高增、苏洞等民族村寨；1997年起管彦波（1997a, 1997b, 1997c, 2001）开始以贵州、云南等地的聚落为研究对象，对其形态、结构与分布规律、基本特性、背景与功能、社会文化因素等进行系列探讨；此外，还有王炎松等（2010）以不同的区域为例，深人进行聚落学的探讨。此外，众多学者对贵州少数民族聚落进行了各具侧重性的研究：

对一个区域内众多苗、侗聚落的总体性研究。李志英（2002），程艳（2004），王媛（2005），顾静（2005）等人的硕士论文，针对苗、侗聚落建筑进行了深入且较为全面的探讨，运用人居环境科学的基本原理，综合地理学、建筑学、聚居学的观点，考察少数民族村落人居环境的各个方面，讨论各种聚落与其自然环境、文化生态的关系。关注聚落的选址条件，聚落与周围山、水、树林、耕地的关系，聚落的边界、道路、标志物等形态因素，聚落之间的相互联系等。

研究聚落与自然、与生态的关系。朱馥艺（1996）重点分析了侗族村寨建筑与水的关系，认为其密切结合自然条件，形成了良好的生态环境基础。孙伟（2005）围绕黔东南苗、侗少数民族聚落的形成、发展，从生态角度充分挖掘了聚落的特征与价值。李杰等（2005），王红等（2006）以实际聚落为案例，认为侗、苗族村寨选址布局形式与建筑形制具有很强的生态型，"传统苗岭村镇布局是根据苗岭生态环境布局与建造的，强调生态优先，以人为本"（王红等，2006）。

研究聚落园林、聚落景观。王红等（2004），周颖悟（2008，2010），鲍帆等（2010）分别以西江、肇兴、岜沙、朗德上寨为例，分析聚落的景观要素、景观特征、景观品质等，并对进一步的规划与利用提出了建议。

1.3 多学科融合下的聚落研究

由于"聚落"的复杂性，聚落研究从一开始就具备多学科综合的特点。

1.3.1 公众对聚落的关注与聚落文化研究

随着公众的关注度日益增加，出现了不少"场景式"的聚落文化研究，这一系列的研究并不局限于某一学科，而是以一种广义的文化观察的角度，将少数民族的聚落以及以聚落为容器所包含的一切物质、文化与生活，以一种“场景”的方式记录下来，展现给公众。

2001年出版的《图像人类学视野中的古镇名寨》，在一本集子里，集中展示了镇山村、石头寨、大屯、裸戛、梭戛、瑶山、肇兴、岜沙、施洞、加去、枫香、西江等少数民族村寨，遍及贵州各地，民族也覆盖了苗、侗、布依、瑶、彝等，尽管其中也有一些人类学调查的研究，但更多的是向外界推介文化，可以说是少数民族村寨的一次“集体亮相”。

生活·读书·新知三联书店于2000年开始陆续出版“乡土中国”书系，涉及贵州的有2004年出版的《摆贝：一个西南边地的苗族村寨》与《锦屏》。贵州人民出版社于2002年开始出版的“行走贵州”书系，高冰、杨俊江等著的《榕江：流动的和谐》、《逸世之河——都柳江》等。此外，还有孟云的《村寨古风——从三宝侗寨道短裙苗乡》等。

1.3.2 人类学、民族学视野中的聚落

正如此前追溯研究历程时所言，贵州的少数民族聚落研究始于人类学者。聚落研究一直是人类学者、民族学者了解一个民族/族群的重要方面。其中，贵州省1983年开始组织进行的“六山六水民族调查”为少数民族聚落以及建筑研究作出了重要贡献。“六山六水民族调查”迄今已历时20余年，多位学者深入民族地区进行田野调查，“凡具有典型性、代表性的民族村寨，都留下了调查队员的足迹”[1]，形成的《贵州民族调查》丛书，具有极高的资料价值与学术意义。其中，具代表意义的聚落调研报告有：史继忠1983年的《瑶山的房屋建筑》，雷广正1985年的《紫云四大寨社会调查》，韦启光1985年的《雷山县西江苗寨调查报告》，黄才贵1986年的《黎平肇兴乡侗族鼓楼调查》，张晓1987年的《雷山县大

[1] 绿水青山作证——“六山六水”民族调查及学科建设二十年回眸. 贵州日报，2003年1月23日

塘区两个苗族村寨的民俗调查》，向零1989年的《榕江县三宝侗族的社会组织》，余宏模、罗勇1990年的《彝族扯勒部大屯土司庄园历史调查》，黄才贵1991年的《侗族父系大家族遗存与干栏长屋——来自榕江县保里大寨的报告》，龙宇晓、石开雄1991年的《车江：一个侗族社区农业经济变迁的实地调查》，李登学、李梅、张永吉1994年的《镇山民族文化保护村调查报告》，黄才贵2001年的《堂安：侗族文化的典型空间载体》、李平凡2001年的《板底彝族村寨的民俗旅游资源调查》。

近年，人类学者、民族学者的研究也不断走向综合，社区（聚落）营建、聚落生态、聚落文化以及民族性与聚落文化和物质空间之间的相互作用等领域也逐渐成为研究的重点。这其中，包括部分人类学者以自身的“在地研究”而形成的聚落生活图景：潘年英（1997，2010）中的高坡、西江、梭嘎、加两等苗、侗、水族村寨；方李莉（2010b）中的梭嘎苗族村。

近年，人类学、民族学界还出现一股以单个的民族聚落进行全面深入研究的风气。这一研究方式展现聚落的各个方面，具有很强的“全景感”与“真实感”，同时能够较为全面地展现该聚落的社会文化生态与运行模式。这方面的代表有云南大学联合全国多所大学及众多专家于2004年陆续出版了34本“中国少数民族村寨调查丛书”。其中有涉及贵州的两本——黎平县九龙侗寨、大方县红丰仡佬族村寨的研究。这套丛书引起了较大反响。

此外，还有部分学者在已有的聚落研究资料基础上，结合自己的实际调查，展开对聚落存在并发展的动因的思考：罗康智等（2009），崔海洋（2009）两部著作以贵州省黎平县黄岗村等侗族村落为研究素材，首先以生态人类学的视野，描述了少数民族社区利用自然的生产生计方式，以及由此形成的森林、农田、河流相互依存、浑然一体的田园诗般的村落生态图景。随后，该书中聚焦于“社区”这一人类学的研究对象，考察该社区的生产方式、生态支撑以及相应形成配套的社区文化。值得注意的是，这一“社区”概念通常也即是聚落的概念。该书精华之处在于以基于“生计”目的的“社区与自然”关系为重点，对于聚落的生成、功能及其文化的内在动力进行了有益的探讨。此外，前书还通过爬梳史籍、记录口述历史等方式，追溯侗民族利用自然的方式的历史演变，以及与此直接相关的侗族聚落的形成变化过程，这对于研究聚落的形态以及其内在成因很有帮助。

1.3.3 经济学方面对关注民族聚落的关注

万红（2002）集中分析了西南多民族地区的商贸网络问题，涉及自然环境、经济类型、民族文化等方面。民族聚落因为其经济运行的相对独立以及具有特点，也有学者展开了以民族聚落为单元的经济状况研究。2010年开始陆续出版的“中国民族经济村庄调查”丛书，涉及贵州的有苗族的掌坳村（刘永佶等，2010）、布依族的音寨村（宋才发，2010）、仡佬族的新寨自然村（彭刚，2010）、水族的水各村（党秀云等，2010）。该丛书以民族聚落为研究对象，分“村庄”、“农户”、“村民”三个层次，调查各聚落的经济情况。

1.3.4 对聚落文化以及聚落文化圈的探讨

针对传统建筑学界对少数民族聚落的研究主要着重于聚落空间与建筑实体的现象，部分新的研究更多以多学科融贯的思路、关注历史演变、关注自然环境与社会环境对聚落产生的影响。不单从建筑构配件、建筑形制、村落的形态功能等角度来孤立研究少数民族聚落，还包括这一“聚落区域”内的生态环境、生产方式、社会组织结构、本土风俗、文化观念等多样度性的研究。

蔡凌（2004）呼吁引入历史地理学的“区域”、社会人类学的“文化区／圈”、“区域共同传统”等研究方法，进行多学科的融贯研究。随后，蔡凌（2007）以分布在广西、湖南、贵州三省（主要为贵州省）的数十个侗族聚落进行了调查，从建筑（建筑、鼓楼、风雨桥等）、聚落、文化区域三个层面展开分析。在对聚落层面的分析中，综合研究其历史、形态、空间。分析地理环境对村落形态的影响，并通过凯文·林奇“道路、边界、区域、节点、标志物”五要素分析法分析村落空间，最后探讨其文化区域的特性。蒋馨岚（2009）着眼于建筑文化遗产的保存与发扬。赵星（2010）认为因为独特的自然地理与社会经济背景，贵州形成了体现特定地域环境的以聚落为代表和载体的民族文化，文章探讨了贵州少数民族聚落文化的组成、类型、特征。

1.4　对少数民族聚落发展的思考与尝试

贵州少数民族聚居地区通常都是贫困地区，因此，贵州的少数民族聚落研究还面临一个很大的课题：保护还是发展？如何既保护又发展？选择怎样的发展路径？民族文化如何应对工业化、全球化的挑战？不一而足。近年，有不少学者以高度的责任感思考这一问题。

（1）少数民族聚落的现代启示性。“一切历史皆是现代史”，在笼统性地介绍之后，部分学者在深入研究之后，找出少数民族聚落、建筑的现代启示性。如向业容（2005）的研究。

（2）少数民族聚落如何应对城镇化大潮，如何保护聚落文化，谋求发展。罗德启（2004）明确提出民族村镇保护有保护民族文化与消除贫困两项任务，并以贵州少数民族聚落为例，思考了如何使保护民族文化与消除贫困两项目标相结合，如何应对经济发展与社会变革，如何进行保护与再利用。

罗剑（2008）倡导在保护优先的前提下正视文化传承与发展的趋势。张奕龙（2005）等通过对单体聚落进行规划，希望保护聚落文化，并谋求发展。

（3）聚落保护与发展旅游。因为其独有的旅游价值，新世纪以来，关于贵州少数民族聚落的旅游学研究十分多，研究议题多涉及保护与发展，文化资源与整合等。龙玉杰（2008），李承来（2010）思考民族聚落发展旅游需要注意的问题与选择的道路。杨祖华（2008），邓映红（2008），罗琪（2010）等，以具体的少数民族聚落为例，探讨聚落文化保护与旅游发展如何共存共进的问题。

（4）文博界、文化界、建筑界共同关注下的少数民族聚落"生态博物馆"建设与研究。"生态博物馆"的思想20世纪70年代起源于欧洲的文物博物馆学界，80年代引入国内，在20世纪末至21世纪在国内引发诸多思考与实践。1995年在贵州以梭嘎苗寨为基础建设了国内第一个"生态博物馆"，随后在贵州省境内的少数民族聚落又设立了两座生态博物馆[1]。究其名并非是以"生态"为主题的博物馆，而是一种以聚落、社区为单位，对聚落社区内的生活与文化进行"活态保护"并谋求其"自发性发展"的"活体博物馆"。"生态博物馆的核心理念在于在文化原生地保护文化，并且由文化的主人保护自己"（苏东海，2008）。它强调的是对文化遗产保护和保存的真实性、完整性和原生性。2000年甚至还由村寨代表、学者、地方行政馆员协商形成了"六枝原则"，其中包括"长远和历史性规划永远是最重要的，损害长久文化的短期经济行为必须被制止；文化遗产保护必须整合于全面环境保护；在一个生存着的社区（村寨）建立生态博物馆，社会发展是先决条件；在不损害传统价值的基础上，必须提高居住于此的居民的生活水平"[2]等稍显超前但极具启示意义的内容。关于生态博物馆的研究概况可参见苏东海（2006）、钟经纬（2008）等的成果。由于"生态博物馆"关注聚落本体、关注聚落文化、

[1] 在贵州共设立四座，为梭嘎苗族生态博物馆，镇山布依族生态博物馆，隆里古城汉族生态博物馆，堂安侗族生态博物馆。其中针对少数民族村寨的有三座。

[2] [挪] 达格·梅克勒伯斯特. 从挪威观点看贵州省生态博物馆项目[A]. 张晋平，译//苏东海. 2005年贵州生态博物馆国际论坛论文集：交流与探索[C]. 北京：紫禁城出版社，2006：17-21

关注聚落保护与发展的特性，还吸引了大批人类学、建筑学的学者关注，这方面的研究学者有潘年英（2006）、方李莉（2010）、余压芳（2006）、陆景川（2007）等。在以少数民族聚落为主体的“生态博物馆”的研究过程中，各学科学者之间的精诚合作、学科的融合与相互促进，对“博物馆”的建设起到了重要的推动作用，为后世留下了难得的资料。此外，“生态博物馆”建立的全过程中，村民、专家、政府三者之间的关系，也为后世提供了很好的借鉴。

1.5 小结与展望

纵观百余年以来的贵州少数民族聚落与建筑研究，从无至有创建体系、展开讨论，可圈可点之处众多。因其起步并不早，故近日待研究之处仍然众多，主要集中在以下三个方面：

第一，进一步发掘尚未为外界所了解的具备各种价值的少数民族聚落与建筑，构建完善全省的少数民族聚落与建筑的谱系。

第二，聚落整体空间的研究尚不多见。聚落整体空间并非民居以及民居的集合体，而是包括山体、河流水系、田地、山林以及民居在内的，当地村民生产生活空间的整体。

第三，面向已发掘的少数民族聚落及建筑，对其历史起源及演变展开全时段研究；对其内在功能、结构、形态进行深入研究；对其与自然、社会、文化的相互影响进行总合研究；对其价值作进一步发掘。

当前，贵州少数民族聚落面临一个最好的发展机遇，同样也面临着最大的破坏可能，在这一前提下，在现有研究基础之上，学界同仁更当勉力前行，使这一个个的“瑰宝”更加璀璨。

本章参考文献

鲍帆，谢飞，龙亮．上朗德苗寨聚落景观分析[J]．华中建筑，2010（07）．

蔡凌．侗文化圈传统村落及建筑研究框架[J]．新建筑，2004（06）．

蔡凌．侗族聚居区的传统村落与建筑[M]．北京：中国建筑工业出版社，2007．

陈从周，潘洪萱，路秉杰．中国民居[M]．上海：学林出版社，1993．

程艳．侗族传统建筑及其文化内涵解析——以贵州、广西为重点[D]．重庆：重庆大学，2004．

程瑜．三都水族：贵州三都水族自治县塘党水乡调查与研究[M]．北京：知识产权出版社，2008．

崔海洋．人与稻田——贵州黎平黄岗侗族传统生计研究[M]．云南：云南人民出版社，2009．

戴裔煊．干阑：西南中国原始住宅的研究[M]．广州：岭南大学西南社会经济研究所，民国37年（1948）．

戴志中，杨宇振．中国西南地域建筑文化[M]．武汉：湖北教育出版社，2003．

党秀云，周晓丽．水各村调查[M]．北京：中国经济出版社，2010．

邓焱．苗侗山寨考察．建筑师（9）[M]．北京：中国建筑工业出版社，1981．

邓映红．朗德上寨乡村旅游发展对策思考[D]．成都：西南财经大学，2008．

方李莉．陇戛寨人的生活变迁：梭戛生态博物馆研究[M]．北京：学苑出版社，2010a．

方李莉．梭戛日记——一个女人类学家在苗寨的考察[M]．北京：学苑出版社，2010b．

高冰，杨俊江．榕江：流动的和谐[M]．贵阳：贵州人民出版社，2005a．

高冰，杨俊江．逸世之河——都柳江[M]．贵阳：贵州人民出版社，2005b．

顾静．贵州侗族村寨建筑形式和构建特色研究[D]．四川大学，2005．

管彦波．西南民族聚落的形态、结构与分布规律[J]．贵州民族研究，1997a（01）．

管彦波．西南民族聚落的基本特性探微[J]．中南民族学院学报（哲学社会科学版），1997b（04）．

管彦波．西南民族聚落的背景分析与功能探究[J]．民族研究，1997c（06）．

管彦波．影响西南民族聚落的各种社会文化因素[J]．贵州民族研究，2001（02）．

贵州省旅游文化研究传播中心编．图像人类学视野中的贵州古镇名寨[M]．贵阳：贵州人民出版社，2001．

贵州省建设厅编．图像人类学视野中的贵州乡土建筑[M]．贵阳：贵州人民出版社，2006．

贵州省文管会办公室，贵州省文化出版厅文物处．侗寨鼓楼研究[M]．贵阳：贵州人民出版社，1985．

胡光华．黎平地坪风雨桥[J]．贵州文物，1982a（01）．

胡光华．黎平纪堂鼓楼[J]．贵州文物，1982b（01）．

黄才贵．黎平肇兴乡侗族鼓楼调查[J]．贵州民族研究所等编．贵州民族调查之四[M]．内部出版物，1986．

黄才贵．侗族父系大家族遗存与干栏长屋[A]//贵州民族研究所等编．贵州民族调查之九[M]．内部出版物，1991．

黄才贵．日本学者对贵州侗族干栏民居的调查与研究[J]．贵州民族研究，1991（02）．

黄才贵．堂安：侗族文化的典型空间载体[A]//贵州民族研究所等编．贵州民族调查之十九[M]．内部出版物，2001．

蒋馨岚．侗族建筑文化遗产研究[D]．武汉．华中师范大学，2009．

金珏．侗族民居的生长现象试析[J]．贵州民族研究，1993（03）．

雷广正．紫云四大寨社会调查[A]//贵州民族研究所等编．贵州民族调查之三[M]．内部出版物，1985.

李承来．村寨生态旅游可持续发展研究——以黔东南苗侗村寨建筑为例[J]．黑龙江民族丛刊，2010（01）.

李登学，李梅，张永吉．镇山民族文化保护村调查报告[A]//贵州民族研究所等编．贵州民族调查之十二[M]．内部出版物，1994.

李杰，孙明明，王红．民族建筑与自然环境之交融——以从江增冲侗寨研究为例[J]．贵州民族学院学报（哲学社会科学版），2005（05）.

李平凡．板底彝族村寨的民俗旅游资源调查[A]//贵州民族研究所等编．贵州民族调查之十九[M]．内部出版物，2001.

李先逵．贵州的栏干式苗居[J]．建筑学报，1983（11）.

李先逵．西南地区干栏式民居形态特征与文脉机制[A]//陆元鼎．中国传统民居与文化——中国民居学术会议论文集（第二辑）[C]．北京：中国建筑工业出版社，1992a：37-49.

李先逵．苗族民居建筑文化特质[A]//李先逵．中国传统民居与文化（三）[C]．北京：中国建筑工业出版社，1992b：39-53.

李先逵．干栏式苗居建筑[M]．北京：中国建筑工业出版社，2005.

李先逵．论干栏式建筑的起源与发展[A]//族群·聚落·民族建筑——国际人类学与民族学联合会第十六届世界大会专题会议论文集[C]，2009.

李玉祥．老房子——侗族木楼[M]．南京：江苏美术出版社，1996.

李志英．黔东南南侗地区侗族村寨聚落形态研究[D]．昆明理工大学，2002.

铃木正崇才．中国南部少数民族文化志——海南、云南、贵州[M]．东京：三和书店，1985.

刘锋，龙耀宏，高发元．侗族：贵州黎平县九龙村调查[M]．昆明：云南大学出版社，2004.

刘森林．中华民居——传统住宅建筑分析[M]．上海：同济大学出版社，2009.

刘永佶，于池．掌坳村调查[M]．北京：中国经济出版社，2010.

龙宇晓，石开雄．车江：一个侗族社区农业经济变迁的实地调查[A]//贵州民族研究所等编．贵州民族调查之九[M]．内部出版物，1991.

龙玉杰．论民族传统村落的保护与旅游发展[A]//吴一文．文化多样性与乡村建设[M]．北京：民族出版社，2008：101-107.

陆景川．贵州生态博物馆与古村落保护[J]．凯里学院学报，2007（02）.

陆元鼎，杨谷生．中国民居建筑[M]．广州：华南理工大学出版社，2004.

罗德启．石头·建筑·人[J]．建筑学报，1983（11）.

罗德启．贵州侗族干阑建筑[M]．贵阳：贵州人民出版社，1994a.

罗德启．老房子——贵州民居[M]．南京：江苏美术出版社，1994b.

罗德启．民族村镇保护与实践[J]．新建筑，2004（06）.

罗德启．贵州民居[M]．北京：中国建筑工业出版社，2008a.

罗德启，谭晓东，董明等．贵州民居——千年家园[M]//北京：中国建筑工业出版社，2008b.

罗剑．民族文化多样性与贵州民族村寨的发展[A]//吴一文．文化多样性与乡村建设[M]．北京：民族出版社，2008：101-107.

罗康智，罗康隆．传统文化中的生计策略——以侗族为例案[M]．北京：民族出版社，2009.

罗琪．西江民俗旅游景观抢救性保护与利用[D]．西北农林科技大学，2010.

马玉华．试论民国政府对贵州少数民族的调查[M]．贵州民族研究，2005（02）.

孟云．村寨古风——从三宝侗寨道短裙苗乡[M]．贵阳：贵州人民出版社，2002.

鸟居龙藏．从人类学上所看到的中国西南地区[A]．鸟居龙藏．鸟居龙藏全集[M]．东京：朝日新闻社，1976.

潘年英．百年高坡——黔中苗族的真实生活[M]．贵阳：贵州人民出版社，1997.

潘年英．变形的“文本”——梭戛生态博物馆的人类学观察[J]．湖南科技人学学报（社会科学版），2006（02）：107.

潘年英．西南山地文化考察记[M]．北京：学苑出版社，2010.

彭刚．新寨自然村调查[M]．北京：中国经济出版社，2010.

彭礼福．黔东南苗、侗民居建筑赏析[J]．贵州民族研究，1990（02）.

彭兆荣．摆贝：一个西南边地的苗族村寨[M]．北京：生活·读书·新知三联书店，2004.

石若屏．鼓楼史话[J]．贵州民族研究，1985（04）.

石庭章．谈侗寨鼓楼及其社会意义[J]．贵州民族研究，1985（04）.

史继忠．瑶山的房屋建筑[A]．贵州民族研究所等编．贵州民族调查之一[M]．内部出版物，1983.

斯心直．西南民族建筑研究[M]．昆明：云南教育出版社，1992.

宋才发．音寨村调查[M]．北京：中国经济出版社，2010.

苏东海．2005年贵州生态博物馆国际论坛论文集[C]．北京：紫禁城出版社，2006.

苏东海．生态博物馆的思想及中国的行动[J]．国际博物馆（中文版），2008（01-02）：29-40.

孙大章．中国民居研究[M]．北京：中国建筑工业出版社，2004.

孙伟．生态视野·黔东南州山区聚落与城镇发展研究[D]．成都：四川大学，2005.

谭鸿宾，罗德启．中国民族建筑·贵州篇[A]．《中国民族建筑》编委会．中国民族建筑[M]．南京：江苏科学技术出版社，1998.

唐国安．风雨桥建筑与侗族传统文化初探[J]．华中建筑，1990（02）.

田艰久去、金丸良子．中国云贵高原的少数民族——苗族、侗族[M]．东京：东京自帝社，1989.

万红．中国西南民族地区市场的起源与历史形成[D]．中国社会科学院研究生院，2002.

汪之力，张祖刚．中国传统民居建筑[M]．济南：山东科学技术出版社，1994.

王红，李杰，王旻昱．西江苗岭景观的评价、规划与利用[J]．建筑学报，2004（12）.

王红，潘兴忠，顾永堂．生态环境与苗族干阑建筑形态的研究[J]．环境科学与技术，2006（07）.

王其钧．中国民居[M]．上海：上海人民美术出版社，1991.

王炎松，陈牧，邵星．巴拉河流域苗寨的聚落格局特征初探[J]．华中建筑，2010（01）.

王媛．贵州黔东南苗族传统山地村寨及住宅初探[D]．天津：天津大学，2005.

韦启光．雷山县西江苗寨调查报告[A]//贵州民族研究所等编．贵州民族调查之三[M]．内部出版物，1985.

吴良镛．建筑文化与地区建筑学[J]．华中建筑，1997（02）：13-17.

吴良镛．人居环境科学导论[M]．北京：中国建筑工业出版社，2001.

吴佺新，陈春园．优秀的传统建筑艺术——从江鼓楼群[J]．贵州民族研究，1985（04）.

吴泽霖，陈国钧．贵州苗夷社会研究（贵州苗夷研究丛刊之二）[M]．贵阳：文通书局，1942.

吴正光．苗寨建筑探秘[M]．中央民族学院学报，1991（03）.

吴正光等. 西南民居[M]. 北京：清华大学出版社，2010.

伍家平. 论民族聚落地理特征形成的文化影响与文化聚落类型[J]. 地理研究，1992（03）.

向零. 榕江县三宝侗族的社会组织[A]//贵州民族研究所等编. 贵州民族调查之七[M]. 内部出版物，1989.

向业容. 干栏式苗族民居的研究及其现代启示[D]. 成都：西南交通大学，2005.

杨昌鸣. 东南亚与中国西南少数民族建筑文化探析[M]. 天津：天津大学出版社，2004.

杨祖华. 民族村寨旅游开发中的文化生态系统重构——以黎平肇兴侗寨为个案[A]//吴一文. 文化多样性与乡村建设[M]. 北京：民族出版社，2008：78-90.

余宏模，罗勇. 彝族扯勒部大屯土司庄园历史调查[A]//贵州民族研究所等编. 贵州民族调查之八[M]. 内部出版物，1990.

余压芳. 生态博物馆理论在景观保护领域的应用研究——以西南传统乡土聚落为例[D]. 南京：东南大学，2006.

张良皋. 侗族建筑纵横谈[A]//东南大学建筑历史与理论研究文集[C]. 北京：中国建筑工业出版社，1997：1-12.

张晓. 雷山县大塘区两个苗族村寨的民俗调查[A]. 贵州民族研究所等编[C]. 贵州民族调查之五. 内部出版物，1987.

张晓辉，李天元，高发元. 仡佬族：贵州大方县红丰村调查[M]. 昆明：云南大学出版社，2004.

张奕龙. 贵州少数民族村镇保护规划的探析——以雷山县西江镇为例[A]//西南六省、区、市七方土木建筑工程学会第二十三次学术年会论文集[C]，2005.

张应强，胡腾. 锦屏[M]. 北京：生活·读书·新知三联书店，2004.

赵星. 贵州少数民族聚落文化研究[M]. 贵州民族研究，2010（03）.

[日]中国大陆古文化研究编委会. 中国大陆古文化研究（Studies in Archaic Culture of China）（vol. 9-10）. 东京：风响社，1980.

钟经纬. 中国民族地区生态博物馆研究[D]. 上海：复旦大学，2008.

周颖悟. 黔东南州肇兴侗族村寨园林景观类型浅析[J]. 山西建筑，2008（07）.

周颖悟. 岜沙苗寨园林景观类型浅析[J]. 山西建筑，2010（10）.

朱馥艺. 侗族建筑与水[J]. 华中建筑，1996（01）.

朱馥艺. 干阑——中国西南传统民居初探[D]. 武汉：华中理工大学，1997.

邹冰玉. 贵州干栏建筑形制初探[D]. 北京：中央美术学院，2004.

邹洪灿. 侗族村寨形态初探[A]//陆元鼎. 中国传统民居与文化——中国民居学术会议论文集[C]. 北京：中国建筑工业出版社，1991：173-179.

（原载于《广西民族大学学报（哲学社会科学版）》2012年第4期，在本书中有改动）

2

关于研究对象、方法与核心问题的讨论

DISCUSSION ON THE OBJECT, METHOD AND KEY ISSUES

侗族 | 高增

苗族 | 乌东

苗族 | 郎德

布依族 | 从关口眺望白水河谷

屯堡 | 本寨民居碉楼

2.1 引言

对于贵州山地民族聚落的研究最早可追溯至20世纪初期国外人类学家的考察旅行。从20世纪90年代起，贵州民族聚落与建筑（包括苗族、侗族、布依族、土家族等）因其鲜明的地方与民族特色逐渐进入建筑、规划、景观等学科的视野，学者开始开展研究，并形成了众多的学术成果。但是，系统梳理这些研究成果，发现有如下两方面的局限：

首先，缺乏对山地“聚落”整体空间的研究。传统的民居与聚落研究往往专注于民居、鼓楼、广场、风雨桥等“构筑物”，其空间范畴往往相当于狭义的“村庄”。但实际上，聚落居民在山地从事生产生活活动，住房仅仅是其中的一个部分，山体、河流、树林、田地等与村庄一道，共同构成了当地居民的“人居空间”。因此，需要将聚落空间范畴扩展至“山—水—田—林—村”构成的整体，当前已有部分研究开始这方面的尝试。

其次，缺乏对聚落空间形成与演变历史的研究。聚落空间有其内在规律，其形成与演变的过程是探寻这一规律的重要手段。但是由于贵州山地长时期游离于中原文化体系之外，少见于历朝历史文献以及地方志的记载。而当地少数民族没有文字记载的历史，尤其是能够记载聚落空间演变情况的历史图纸材料更是极为欠缺，这极大限制了对聚落历史空间情况的回溯研究。

出于以上原因，在贵州山地民族聚落的研究中，如果希望在前人成果的基础之上继续深化探索，首先需要从研究方法着手，对以下三个问题进行回答：

第一，作为研究对象，聚落空间的“整体”如何界定？聚落绝非仅仅是民居或是民居的集合，而是作为当地少数民族日常生产生活空间的整体。在研究中如何界定这一“整体”的范畴，如何界定整体内部的各个方面并分析其关系，是开展研究的前提。

第二，如何发掘已经基本丢失的空间营建历史信息，并对其加以验证？贵州山地少数民族没有本民族文字记载的历史，又因为纳入中央政权的视野及有效管治范围时间较短，因而古代官方的文献记载、文人的记录都非常缺乏。而找到合适的、能够验证的、足够的反映其历史的素材，是我们开展山地民族聚落形成与演变研究的关键。

第三，贯穿于聚落空间历史、推动其不断演变的因素与动力又是什么？聚落的形成、演变有其自身规律，受到自然、经济、社会、文化等因素的影响，从而不断改变以适应新的内、外部条件。在研究中找到聚落空间演变与各因素的关联，尤其是明确其中的核心因素，建构其作用机制，是深入理解聚落营建内在逻辑的必由之路。

为解答如上三个问题，需要对研究方法有所创新，需要主动以人居环境科学的基本理论为基础，以“生成整体”的方法论为指导，结合人类学、形态学等学科，在努力发掘新的素材的情况下，进行针对贵州山地聚落的“融贯的整体研究”。

“生成整体论”是人居环境研究中需一直坚持的方法，它要求“对整体观的回归，批判性地整合，运用生成整体的观念，有机地处理各方面的关系”（吴良镛，2009）。生成整体论认为整体和局部并非简单的还原关系，金吾伦对其的解释是“按照生成整体论，部分只是整体的显现、表达与展示，部分作为整体的具体表达而存在，而不仅仅是整体的组成成分。整体通过连续不断地以部分的形式显现其自身。”❶

生成整体论另一核心观点则是摈弃静止的时空观，强调时间的延续性与系统的动态性，“生成过程既分化出部分，也对部分进行整合，是分化与整合交互作用的过程。生成既是展开，又是收敛”（苗东升，2007）。对于城市与聚落研究而言，C. 亚历山大对罗马城历史发展各个阶段的分析，即是

❶张瑞，欧阳曦，金吾伦. 用哲学的眼光看世界[J]. 创新科技（人物·学者素描），2009（3）：39.

不断追求生成中的整体性过程（growing whole）（吴良镛，2009）。贵州山地民族聚落的营建过程，可以看作是不断适应当地自然地理条件，不断发展满足各阶段的生存发展需求的过程，聚落整体处于有机更新、不断生成的进程中。因此，以该地区典型聚落为案例，揭示其不断生成整体的过程，将有效推进刚才三个问题的解答。

2.2 厘清整体：何为贵州山地民族聚落的整体空间?

研究对象的整体性是首先需要厘清的问题。对于山地民族聚落而言，到底是怎么样的空间范畴构成了其整体？单个的聚落与一定区域单元或是“文化圈”内的聚落群是什么关系？以及除了传统建筑学的视角之外，我们还需要借助于怎样的认知手段？这些都需要在研究之初加以明确。

2.2.1 民居、村庄还是聚落?

此前多数的山地民族聚落[1]研究主要集中于吊脚楼、石板房等民居，以及鼓楼、风雨桥等公共建筑，还包括对由民居和公共建筑等组成的村庄的格局及景观风貌等。但是，聚落绝不仅仅是民居或民居的简单叠加，而是“人们多种多样生活和工作的场所的集合”。也正是从这个层面出发，才能正确地理解山地民族聚落的整体性。

居住于贵州东南部的苗族在一首古歌中介绍他们所居住的寨子“我们寨子是个好地方，寨脚净大田，田里鱼挤满。山冲好水田，浮萍满田漂，田里好浮萍，喂猪长得快。我们寨子是个好地方，寨子背后好山梁，有树木护寨。寨子凉悠悠，住房是吊脚楼”（中国民研会贵州分会等，1982：37-38）。聚居于贵州中部的布依族在表现其先祖开天辟地并营建聚落的古歌《造万物歌》中，描述了圣人“翁杰”，在“造天造地”之后，依次“造泥土”，“造山坡”，“造田地”，“造

[1] 为便于分析理解，本书中将对“聚落”与“村庄”（或“村寨”）两词的运用进行严格的区分。村庄（或村寨）主要指以房屋等人工建成空间为主、主要满足村民生活居住的部分，聚落指涵盖了“村庄”以及周边山体、河流、耕地、林地等自然与人工环境，可认为聚落是村民进行生产活动和生活活动以及与这些活动发生紧密联系的空间的整体。

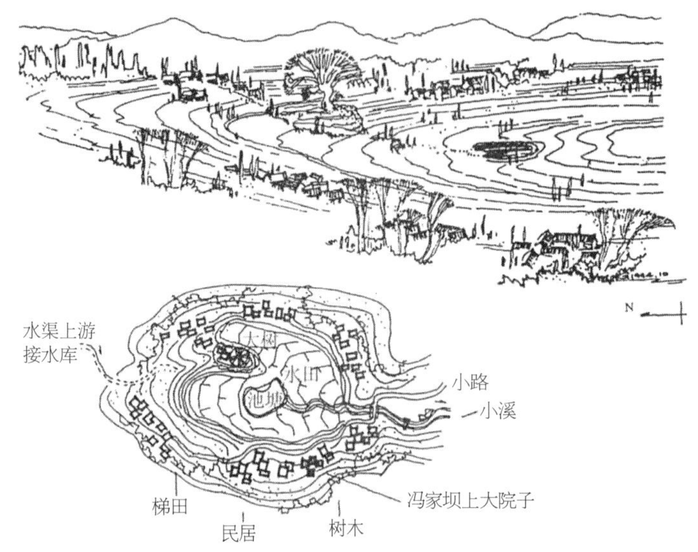

图2-1 四川冯家坝群落居住形态
（来源：吴良镛，2001a：142）

房屋”，“造粮”，“造路”，“造场”（贵州省社会科学院文学研究所等，1982），至此，其家园的建设才告一段落。从多个例子中我们可以看出，聚落作为家园和栖居地，在所有民众心目中，其内涵绝不仅仅是供居住的房屋而已，而是包含山河、田地、房屋与树林等，这些都是与其生存、生产、生活、繁衍息息相关的。所有这些元素的有机组合，才是构成聚落研究的整体。

吴良镛在《广义建筑学》中对聚落的范畴做了说明，“一个聚落的组成，固然要有人工的构筑物”，还包括“构筑物之间的组合的内部空间，以及它的外围经过改造的自然环境”（吴良镛，1989：8）。并且，在其绘制的四川冯家坝聚落形态图中，将这一思想清晰地加以呈现，从中可以看到周边山体、水库溪流、田地、树木以及环布于田地周围的房屋，这才构成了聚落的整体。

由此，我们应该进一步明确，对于贵州山地民族聚落空间的研究，应该不仅仅只是关注其民居以及由民居构成的房屋群，而是应该将其作为一个部分，与周围山体、河流、田地、树木构成有机整体，而这正是当地少数民族赖以为生的空间基础。

2.2.2 从聚落到聚落区域、聚落谱系

人居环境科学基本观点之一是注重各层级间的相互关系，针对某一特定对象，需要从上一层次，以更广大的视野、更整体的观点来进行研究，提倡“用区域的观念研究城市”（吴良镛，2001a：145）。

聚落往往具有地域特征。一个地理单元内往往具备相似的地理与自然条件，而区域内各聚落相互间的习俗、文化等往往也相同或者相通，因此，其聚落空间往往也呈现出相似的特点。而对于其聚落群体的分布特征的分析，同样是聚落研究的重要内容。

贵州为典型山地地区，山峦纵横，地形破碎，跨山脉之间的沟通十分困难。而山脉之间往往因河流冲积而成一定的谷地，同时沿河亦易于交通。因此，往往每一条河流河谷地带形成一较封闭的地理单元，并以此为基础形成“文化区”。以河谷为区域单元研究聚落的群体特征，往往能更充分地认识山地民族聚落空间的共性与特色。如位于贵州中部的扁担山—白水河地区，在自六枝县城至镇宁县黄果树镇存在一段约30公里长、1公里宽的河谷地带，在此河谷内分布了近百个大小布依村落，均具有相类似的文化传统，聚落与民居也体现出大量的共性，但同时也因为微地形的不同而略有区别。

再如位于贵州东南部雷公山区的陶尧河流域，在从发源地到汇入巴拉河口的约20公里的河段内，根据其地形特点可分为高山溪谷、中游深谷、下游坝子三段，当地苗族民众在数百年时间里，从下游至上游依次建立了多个聚落，这些聚落在体现共性的同时，也根据地形与自然条件的不同呈现出各自特色，对该河谷区域的整体分析可以为聚落的形成、演变以及特色研究提供更好的素材。

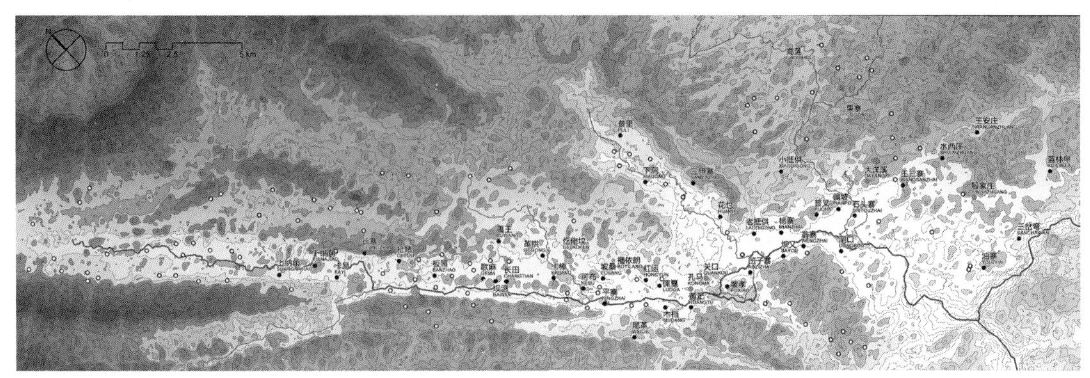

图2-2 贵州中部布依族聚居的白水河谷区域
（来源：笔者自绘）

在更大范围内，由于聚落村民的不断繁衍，往往在接近该聚落人口承载极限时，部分分支另寻合适地点建立衍生聚落。如是反复，在数百年的长时间段内，形成了大量具备共同祖先的聚落群。相互之间往往具备明确的源流与传承关系，因此在一较大区域范围内即形成了由原生聚落以及一系列衍生聚落、甚至衍生聚落的次级衍生聚落构成的聚落谱系。对这一片较大范围的聚落进行研究，分析其聚落的分布特点，并且研究其分宗开支、建立衍生聚落的过程，同样对于深入认识该民族聚落的共性具有重要意义。如南侗地区的大部分侗族聚落的祖先都由都柳江下游水系逆水迁徙而来，他们经过数百年的繁衍与营建，形成了由若干初级定居聚落与次级、甚至次次级聚落构成的聚落谱系，分布于都柳江及其多条支流附近，具备较为统一的侗族文化特点，是研究侗族聚落的绝佳区域。

2.2.3 多学科融合的视角

一直以来，人居环境科学强调建筑、规划、景观三者的融贯综合研究，“中国古代的人居环境是建筑—地景—城市规划三位一体的整体创造”（吴良镛，2001a：75）。三者的共同目标都在与创造宜居环境与合理的空间，尤其对于山地民族聚落这一相对尺度较小的研究对象而言，三者界限更加模糊，更具有相互融贯的特点。因此，在聚落中，应充分发挥建筑、规划、景观三者对于空间研究的主导作用。

同时，应充分借鉴、吸收人类学、民族学在少数民族研究中的科学方法与资料素材。伴随地理大发现而兴起的人类学（具体而言是文化人类学）经过数百年的发展，以研究世界各族群创造的文化、揭示人类文化本质为核心目标，关注点包括语言、饮食、习俗、居住等多方面，积累了较多的民族地区的研究材料，其对于民族聚落的关注远早于建筑学。结合人类学与建筑学的视角也是民居以及聚落研究的较为成熟的路径之一（余英，等，1996；罗琳，1998；常青，2008）。

此外，在研究过程中还应视情况结合社会学、经济学等学科的研究方法，综合考虑聚落中社会组织、经济发展阶段等对聚落空间的影响。

2.3 探索生成：尝试再现聚落形成与演变的历史

在研究聚落历史生成过程中，我们遇到的最大问题往往是素材缺乏。通过挖掘人类学的“民族志文本”的空间信息，并遵循一定的研究方法与空间互相比较对照，能够在一定程度上弥补这一缺憾。

2.3.1 素材匮乏：构建山地民族聚落“空间的历史”面临困难

研究贵州山地民族聚落历史进程中的形成与演变，往往面临相关历史资料极为欠缺的困难，具体体现在主流文献很少加以涉及、缺乏本民族文字记载的历史，以及聚落空间资料尤为欠缺等方面。

2.3.1.1 主流文献资料稀少

贵州建省时间较晚，直到明朝初期才正式建立行省。尤其是少数民族往往聚居于偏远难达之地，如雷公山等部分地区甚至直到清朝前期才纳入中央政府的直接统治，此前一直被称为“生界”，即统治无力触及地方之意，人员与文化交流极为有限。这些地区的基本情况外界往往无从知晓，这就在很大程度上限制了官方史地资料、地方志等传统意义上的“主流文献”的记载。仅有少量的文人笔记、游历记录等零星记录，后期的地方志等也鲜有提及。

2.3.1.2 缺乏本民族文字记载的历史

聚居于贵州的苗、侗、布依等少数民族均没有本民族的文字，因此完全不存在由本民族文字记载的历史。当地少数民族往往通过代代相传的歌谣等方式，将民族的历史信息在代际传递。

2.3.1.3 聚落空间资料欠缺

当地的少数民族聚落往往欠缺图纸、相片、绘画等能揭示空间信息的资料。不仅不存在历史上的空间资料，甚至连当前的空间信息也保存不完整。这为以图纸为基本素材的聚落空间分析带来了很大的难度。

2.3.2 新的素材：人类学“民族志文本”与形态学“聚落空间”

官方、半官方“文本史料”的匮乏给研究带来困难，但是否可以另辟蹊径，通过搜寻非官方的“文本史料”以及蕴含历史信息的其他介质资料的方式来克服这一困难？人类学的“民族志文本”与形态学“聚落空间”就提供了这样一种可能。

民族聚落研究从诞生至今，就打下了建筑学结合人类学的深深烙印，甚至可以说最初的聚落研究植根于人类学的聚落社会研究传统。经过仔细梳理，能够发现各类民族志文本提供了零星的、但是却是大量的聚落空间历史研究的宝贵素材。另外，通过城市形态学、类型学等方法，也能从当前有限的空间资料中找到一定的历史素材与线索。

2.3.2.1 发现人类学范畴的“民族志文本”的空间意义

起源于19世纪的人类学，核心是发现并剖析各种类型的人类文化。在其发展过程中，强调“田野”与“文本”，并且通过民族志素材（Fabula）与理性的书写，最终形成民族志（Ethnographic，也有称为民族志文本）。广义而言，这些共同构成了民族志文本“Text”，其中往往包含众多的历史信息。如王明珂的《羌在汉藏之间》，即是通过对广泛流传的羌族兄弟定居传说等文本的梳理与分析，重构了历史上当地的族群边界变迁以及社会结构演进的过程（王明珂，2008）。既然散见的民族志文本能够反映历史中的社会信息，那么也一定会对历史中的空间有所反映。

对于贵州的山地少数民族地区而言，存在一定数量的、来源较为多样的民族志文本素材。自19世纪末至新中国成立前，鸟居龙藏、吴泽霖、陈国均等人类学者陆续调查贵州地区的少数民族，形成了《苗族调查报告》、《贵州苗夷社会研究》等宝贵文献。新中国成立后，在20世纪50年代开始进行民族识别工作，国家派出大批由民族学者、语言学者以及民族文艺工作者参加的民族调查队，为后世留下了宝贵的、带有原生态信息的民族志文本材料，形成了按民族分别刊行的《中国少数民族社会历史调查资料丛刊》、数十卷《民间文学资料》等。20世纪80年代之后，随着学术研究的走向繁荣，此前收集资料的整理版本以及新调研文本也陆续涌现，出现了多个版本的《苗族史诗》、《侗族祖先哪里来》、《布依族文学史》等。

在收集到的人类学的文本素材中，形成了从多个侧面体现少数民族群众生产生活状态的“民族志”。重点需要指出的是，其中收录了不少由各民族歌师、长者代代相传的“古歌”、“史诗”等，携带了大量的少数民族先民在其各历史阶段的信息，尤其是其中部分涉及迁徙、定居以及繁衍扩展等的内容，往往与聚落空间紧密相连。

2.3.2.2 通过形态学方法挖掘“聚落空间”具备的历史信息

空间是经典建筑学研究的重要范畴，空间不仅是承载一切社会、经济、文化活动的场所和容器，本身也具有主体性。“形态学”最早来源于古希腊时期的生理学对于生物或人体形态的研究，20世纪开始与城市研究相结合，经过100年来的发展，已经成为城市空间，尤其是历史城市空间研究的重要方法。据段进等（2008）的总结，城市形态学主要有三个层面的含义：（1）对于城市实体所表现的出的物质空间形态；（2）城市形态演变过程；（3）城市物质形态演变的非物质原因。

城市形态学（以及建筑类型学、类型—形态学）的理论主要有三个来源。英国的康泽恩（Conzen）学派、意大利的穆拉托里—卡尼吉亚（Muratori-Caniggia）学派以及法国的凡尔赛（Versaillis）学派。城市形态学十分重视城镇平面图等空间信息的作用，认为城镇都可以通过空间物质形态的媒介而得以解读，而平面图是传递空间物质形态的一个重要媒介。确定了城市形态的演进研究方法（Evaluation Approach），主张借助“形态时期（Morphological Period）”（Conzen学派）或者“类型过程（Typological Process）”（Muratori-Caniggia学派）等方式，借助于城市不同时期的历史地图，解读城市发展与演进的全过程（Conzen, 1960；Muratori, 1959）。形态学不仅认为各时期的地图能够反映当时的城市形态，还认为城市因为其延续性而普遍存在过去的痕迹（段进等，2008），尤其是边缘带（fringe-belt）、街道、街区等往往能够在经历数次“形态时期”或“类型过程”后留存或部分留存至今，因而可以通过这些因素对历史上的城市空间形态进行追溯。近期，也有部分学者开始尝试将城市形态学的理论运用于历史村落或小城镇（陶伟等，2012；王晓薇等，2011）。

由此，我们不仅可以利用形态学理论的贵州山地民族聚落的空间形态进行分析，同时还可以借助于空间携带的反映历史信息的线索与痕迹，对聚落形态的演变过程进行研究。

2.3.2.3 “文本”与“空间”的结合

人类学研究本来就具有空间传统，经典人类学路径往往以村庄或部落作为“标本”加以解剖，其家屋、村落空间往往是研究的内容之一。如在20世纪初埃文斯·普里查德（2002）对努尔人村落的研究，20世纪中期福田亚细南（2005）对日本村落研究提出“三重同心圆”模型等。但这一类经典的人类学研究中，村落与住屋往往只是作为研究部落社会的背景与容器，并非研究的主题。阿莫斯·拉普卜特（2007）的《宅型与文化》则是人类学与人文地理学结合的典范，从地理与文化两个方面研究建筑的地域与人文特征。

自20世纪后期开始，人类学涌现出两个思潮：一个是伴随着社会科学的空间转向，人类学也转而对空间本身产生了广泛兴趣，“人类学家的研究不再集中于文化的物质和空间层面，而是承认空间是社会文化理论的基本要素”（尤小菊，2010）。另一个是历史人类学开始勃兴，“没有无历史的文化”（周泓，2005；王铭铭，2007；王明珂，2015），开始将口述史、多点民族志等人类学的经典方法运用于构建特定社会文化的演变历史。

出于以上两点考虑，综合人类学与建筑学的方法，结合文本素材与空间信息，对聚落的空间演变历史进行研究就成为水到渠成的一种路径。

2.3.3 文本与空间：一种“再现”山地民族聚落营建史的路径

通过对传统人类学研究领域中的“民族志文本”的搜索，我们可以发现部分有可能具有重要空间历史意义的文本素材；对现有聚落空间进行形态学与类型学的分析，也有可能挖掘出聚落形成与演变的痕迹。两者相结合，就有可能在一定程度上再现特定聚落空间形成与演变的过程。具体而言，需要经过如下6个步骤：

2.3.3.1 文本素材库建设与研究区域选定

首先，建立针对少数民族及少数民族地区的文本素材库，主要由三类文本构成：第一，也是最主要的来源，少数民族“古歌”、“史诗”、“传说”、“口述史”等民族志文本，如《民间文学资料》、《苗族古歌》、《侗族祖先哪里来》等；第二，地方志中涉及少数民族历史、文化、聚居的部分，如《安顺府志》、《镇宁州志》、《黎平府志》等；第三，明清时期文人游记、笔记小说等相关的零星记载，如《苗疆闻见录》、《黔南纪略》等。

在对收集到的民族志文本素材进行初步梳理之后，并结合相关地区与聚落的典型情况，挑选出若干区域。在本研究中，笔者先后选定了布依族聚居的位于贵州中部安顺市白水河谷区域，苗族聚居的位于贵州东南部的雷公山区陶尧河流域，侗族聚居的位于贵州东南部的黎平、从江、榕江“南侗”区域（主要位于都柳江及其支流区域）。

2.3.3.2 文本梳理提取与多文本比对

针对特定的研究区域，对搜集的多样化文本进行梳理。首先从鲜活的“古歌”、“史诗”以及“口述史”等民族志文本素材中，提炼出其中涉及聚落迁徙、选址、适应、改造、发展、扩散的记载。如几乎所有的苗族古歌中均提及了苗族先民从东方、北方历经艰辛迁徙并定居于至云贵、武陵大山之中的信息，将其中的地理与空间信息提取出来，可以大致重建出族群的迁徙路线、聚落的选址及最初营建等宝贵信息。

随后，将由民族志文本中提取出的多则有用信息相互比对，同时与汉语经典文献、地方志以及古人的游历记录等相比对，删除掉互相冲突、错误或附会之处，并且尽量还原民族志文本中常有的传说与神话色彩，形成尽可能真实的、可供下一步分析利用的文本素材。

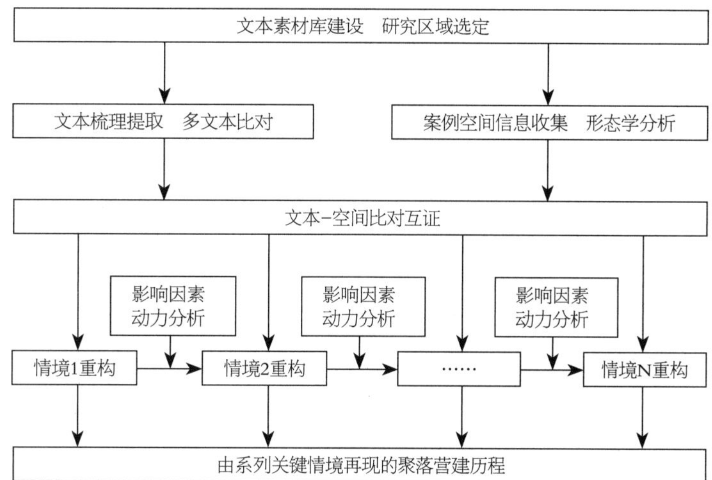

图2-3 “再现”山地民族聚落营建史的路径示意图
（来源：笔者自绘）

2.3.3.3　空间信息收集与形态学分析

通过区域与聚落地形图搜集绘制、实地测绘等方式，收集研究区域民族聚落的空间资料，借助形态学的研究方法，通过对聚落分布、聚落边界、要素、核心、单元、组团，以及街道、民居建筑、重点公共建筑的研究，揭示聚落的空间特点；并且结合聚落实地调研与测绘的过程中的访谈，从中努力发掘聚落历史演变的标志、线索与痕迹。

2.3.3.4　文本与空间比对互证

将文本中蕴藏的历史空间信息，落实于区域与聚落空间之中，并将其与空间本身蕴藏的历史演变信息相比对互证，得出聚落在过去某个历史阶段的空间图景。

2.3.3.5　逻辑验证与情境重构

将上述聚落历史图景置于所处的当地自然环境与当时社会文化环境，思考聚落营建面临的关键问题以及可能的解决方案，通过简明的逻辑思考其空间图景的合理性。逻辑思考的过程就是对影响聚落空间发生变化的因素进行筛选分析、追寻其空间演变动力的过程。在此过程中，尽管很难避免，需要我们力争不犯以“此情度彼景”问题，而是以前人的逻辑理解问题。通过此番验证之后，不仅可确立某一历史时段

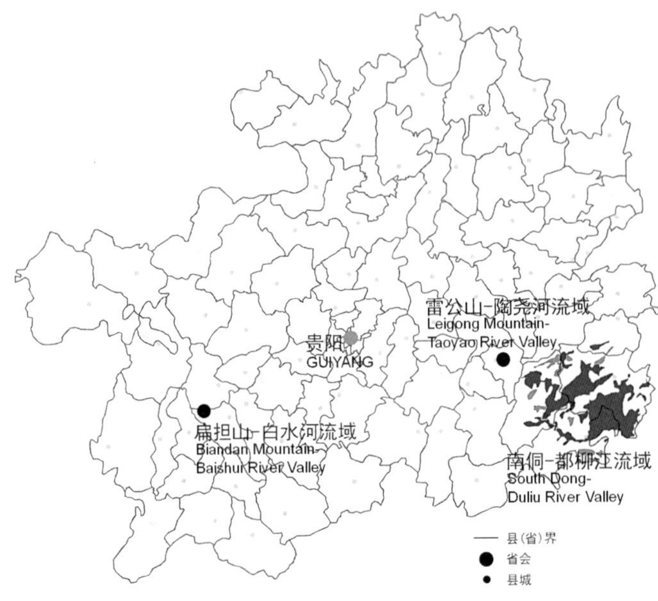

图2-4 选定的三个研究区域
（来源：笔者自绘）

的聚落情境，并且本身就是研究中的重要方面：即聚落空间演变的因素与动力。

2.3.3.6 由系列关键情境再现的聚落营建历程

重视转折点（或是关键点）是历史研究的重要方法。在聚落营建过程中找出若干空间发生较大变化的关键时期，此时期往往与相应的社会、经济状况改变相联系。在如是若干关键时期分别重复以上研究过程，得出一系列的关键情境，由此“再现”出聚落形成与演变的基本历程。并通过各关键点的研究，提炼归纳聚落空间演变的规律，以及影响与推动聚落演变的核心因素。

2.4 问题意识：始终关注历史情境中聚落营建的核心问题

聚落形态的演变必然意味着内外因素的影响以及发展动力的推动，在研究过程中，需要时刻关注在聚落空间形态变化过程中发挥重要作用的社会、经济、文化因素以及它们之间的交互过程。“知其然，知其所以然”，这对于理解聚落空间形成和演变过程具有重要的意义。

2.4.1　布罗代尔的“长时段史观”的启示

贵州山地民族聚落通常有数百年乃至上千年的演变历史，个中影响因素、事件纷繁芜杂，如何从中找到起到关键作用的因素？需要对其历史过程进行整体的考量，在这一方面，年鉴学派布罗代尔的史学观可供借鉴。布罗代尔（Fernand Braudel）是法国第二代年鉴学派学者的代表人物，他在历史研究中形成的“长时段史观”（或称为“总体史观”）对后世造成了很大的影响。其主要观点集中体现于两本著作《菲利普二世时代的地中海和地中海世界》、《十五至十八世纪的物质文明、经济和资本主义》中。

他将历史事件分为三个层次，第一为短时段历史，第二为中时段历史，第三为长时段的历史（在其著作《菲利普二世时代的地中海和地中海世界》序言中，他将其称为个体时间、社会时间、地理时间）。在三个时段的历史中分别由不同性质的因素发挥影响，如战争、疾病、灾荒等突发性的事件对历史影响往往是短时段的；而人口的增长、生产力的发展、社会结构的变革等，对历史能够施加较长时间的影响；地理、气候、生态环境等“人和他周围环境的关系”的变革往往是最缓慢，但同时也是最基础的因素，对历史的影响通过“缓慢流逝、缓慢演变”的方式施加影响，是最长时段的（Braudel, 1995）。他认为，长时段的历史构成社会的深层结构、是历史发展的基础，而中时段的历史构成社会直接变革的动因（杨庭硕，2008）。

总体而言，对本研究而言，从各少数民族先祖进入贵州开始营建最初的居所开始，他们即已经进入了由特定的山地地形与自然环境所限定的“长时段历史”之中，这是奠定其基本生产生活模式的基础，也是对聚落空间影响最为长远、最为基础的因素。在此之后，人口增减、因各种原因的小范围迁徙、技术进步等则是在此基础上对聚落空间演变施加了直接的影响，并持续较长时间，即所谓“中时段历史”。因此，在研究中，需要首先分析他们所处的长时段历史形成的基础，继而从纷繁芜杂的事件中，甄别出对聚落空间产生中时段影响的社会经济因素。

2.4.2 生态人类学“环境—生计模式—文化”理论的借鉴

20世纪50年代开始，在经历了单线进化论、特殊论、结构论、功能论等种种思潮之后，一批人类学者在重新对文化现象的系统性规律进行分析的时候，发展出环境（或生态）与文化之间具有强连接的理论，这一思潮也催生了人类学的一个重要分支——生态人类学，其中的典型代表是斯图亚特（Julian Steward）。

斯图亚特认为每个文化均通过各种技术，与其所处的自然环境相互动，“每个文化的基底，都是将人类关联到特定居住地的物质条件的工具、机械、技术与行为等”（Applebaum, 2007），而这是构成各族群文化的核心部分。他们认为文化的相似性可以以“基于相似的自然环境条件”（Orlove, 1980）来解释。尽管这一学说后来被批评为“环境决定论”，但仍然产生了深远的影响。后续的学者将其发展为“社会组织与文化史功能适应的方式，让人们有效利用自然环境，而不是超过其生态资源的承载能力”（Vayda & Rapoport, 1968；Hardesty, 1977；Applebaum, 2007）。由此，生态人类学形成了一条由环境出发，产生适应该环境的生计模式，继而文化与环境互动的一条理论路径。

生态人类学对于聚落研究的影响不言而喻，将自然环境、社会文化与技术、制度等连接起来。Willey（1953）与Streuver（1968）还将其扩展至河谷区域的考察，构建了群体聚落分布与自然环境、社会文化之间的连接，并称之为“聚落—生计”体系。

2.4.3 生存压力、生计模式与聚落空间

在整个农业时代，中国农民都面临着生存的压力，“有些农村人口的境况，就像一个人长久地站在齐脖深的河水中，只要涌来一阵细浪，就会陷入灭顶之灾”（Tawney, 1932）。吴良镛（2001b）在滇西北地区规划研究时，曾提出“严峻生境”的论断，认为针对处于生存条件极端恶劣的滇西北地区，所有的研究与实践，都需要以此为前提，“必须与人的生存环境联系起来，与人居环境建设联系起来。”

贵州多为山地与丘陵，而少数民族聚居地区通常位于更加偏远、地形愈加破碎的地区。由于地形起伏、平地稀少、山川阻隔的原因，居住其中的人们往往面临着巨大的生存压力，面临的生存难度要远远高于平原地区。在这种情况下，针对当地的少数民族民众而言，最大的逻辑就是“生存的逻辑”。需要以此为前提，形成适应当地的生计模式。

作为生计模式的重要组成部分以及重要的空间保障，聚落营建全过程首要考虑的是生存与繁衍。这包括贯穿始终的对复杂地形与自然条件的适应与适当改造，也包括中时段的应对人口增长、生态承载力下降、灾难战争等带来的聚落生境变迁。这些构成了影响聚落眼睛的核心因素。

由此，对生存问题的关注必须贯穿整个山地民族聚落历史研究的全过程，正如拉普卜特（Rapoport, 1969）所说，“房屋和聚落是特定生存模式在物质上的体现，并借此获得其象征意义”。因此，在研究中从“生存压力”到“生计模式”，再到“聚落空间”的研究路径，正是在聚落形成与演变全过程中对于关键问题、核心因素以及动力机制考察的合适回应。

2.5 结论和讨论

本章主要从人居环境科学生成整体论的方法论出发，阐述在对贵州山地民族聚落进行研究中应该注意的问题。首先，针对此前部分研究中对贵州山地聚落研究不注重整体空间的问题，本章首先厘清了聚落空间的“整体”概念，认为其应该是包含山体、河流、树林、田地以及民居在内的村民生产生活空间的全体集合，并且应该注意河谷等区域聚落群分布形态及共同特征，同时，还应采取多学科融贯的方法。

其次，针对贵州山地民族聚落缺乏历史资料的问题，笔者认为应采取人类学与类型学相结合的方法，通过民族志文本与空间信息等新类型素材的收集与梳理，挖掘其中蕴藏的历史空间信息，通过“素材库建设—文本梳理提取—空间信息收集与分析—文本与空间对比互证—关键情境重构—聚落演变过程再现”的路径，进行聚落演变与生成过程的研究。

最后，本章还对聚落营建的核心问题进行了分析，认为受山地地形与自然的限制，“生存压力—生计模式—聚落空间”这一核心问题应该贯穿贵州山地民族聚落研究的始终。

本章参考文献

[美]A. 拉普卜特. 建成环境的意义——非言语表达方法[M]. 黄兰谷，等译. 北京：中国建筑工业出版社，1992.

[美]A. 拉普卜特. 宅型与文化[M]. 常青，等译. 北京：中国建筑工业出版社，2007.

[日]福田亚细男. 村落领域论[J]. 周星译. 民间文化论坛，2005（1）.

[英]埃文思·普理查德. 努尔人——对尼罗河畔一个人群的生活方式和政治制度的描述[M]. 褚建芳，阎书昌，赵旭东译. 北京：华夏出版社，2002.

Applebaum, H..文化人类学经典选读[M]. 徐雨村，译. 台北：国立编译馆与桂冠图书公司，2007.

Braudel F. Civilization and Capitalism, 15th-18th Century: The wheels of commerce[M]. University of California Press, 1982.

Braudel F. The Mediterranean and the Mediterranean world in the age of Philip II[M]. University of California Press, 1995.

Conzen M R G. Alnwick, Northumberland: a study in town-plan analysis[J]. Transactions and Papers（Institute of British Geographers）, 1960: iii-122.

Hardesty, D L. Ecological Anthropology[M]. Ney York, John Wiley, 1977: 8-17.

Muratori S. Studi per una operante storia urbana di Venezia[M]. Instituto poligrafico dello Stato, Libreria dello Stato, 1959.

Orlove B S. Ecological anthropology[J]. Annual review of anthropology, 1980: 235-273.

Rapoport, A. House form and culture[M]. Prentice Hall, 1969.

Streuver S. Woodland subsistence-settlement systems in the lower Illinois valley[C]// SR and LR Binford. New Perspectives in Archaeology. Chicago: Aldine, 1968: 285-312.

Tawney, R H. Land and Labour in China[M]. George Allen & Unwin, Ltd, 1932.

Tian Yinsheng, Gu Kai, Tao Wei. Urban morphology, Architecture typology and Cities in Transition[M]. Beijing: Science Press, 2014.

Vayda A P, Rappaport R A. Ecology, cultural and non-cultural[M]. 1968.

Willey G R. Prehistoric settlement patterns in the Viru Valley, Peru[J]//Bureau of american ethonology bulletin, 1953, 155.

常青. 建筑的人类学视野[J]. 建筑师，2008（12）:95-101.

陈飞，谷凯. 西方建筑类型学和城市形态学：整合与应用[J]. 建筑师，2009（4）: 53-58.

段进，邱国潮. 国外城市形态学研究的兴起与发展[J]. 城市规划学刊，2008（5）: 34-42.

贵州省社会科学院文学研究所，黔南布依族苗族自治州文艺研究室，编. 布依族古歌叙事歌选[M]. 贵阳：贵州人民出版社，1982.

罗琳. 西方乡土建筑研究的方法论[J]. 建筑学报，1998（11）: 57-59.

陶伟，蒋伟. 平遥古城形态研究：西方视野中的探索、分析与发现[J]. 城市规划学刊. 2012（2）: 112-119.

王明珂. 羌在汉藏之间：川西羌族的历史人类学研究[M]. 北京：中华书局，2008.

王明珂．在文本与情境之间：历史人类学的研究方法反思[J]．青海民族大学学报，2015（2）：1-5.

王铭铭．我所了解的历史人类学[J]．西北民族研究，2007（2）：78-95.

王晓薇，周俭．传统村落形态演变浅析——以山西梁村为例[J]．现代城市研究，2011（4）：30-36.

吴良镛．广义建筑学[M]．北京：清华大学出版社，1989.

吴良镛．人居环境科学导论[M]．北京，中国建筑工业出版社，2001a.

吴良镛．严峻生境条件下可持续发展的研究方法论思考——以滇西北人居环境规划研究为例[J]．城市发展研究，2001b（05）：13-14+22.

吴良镛．中国城乡发展模式转型的思考[M]．北京：清华大学出版社，2009.

杨庭硕．代总序：从文化人类学到历史人类学[A]//古永继，点校．滇黔志略点校[M]．贵阳：贵州人民出版社，2008：1-7.

尤小菊．略论人类学研究的空间转向[J]．西南民族大学学报（人文社会科学版），2010（08）：67-71.

余英．东南传统聚落研究——人类聚落学的架构[J]．华中建筑，1996（4）：42-47.

中国民研会贵州分会，贵州民族学院．民间文学资料（第四十八集·苗族焚巾曲）[R]．贵阳：中国民研会贵州分会，1982.

周泓．历史人类学：从历史文本到意义主体[J]．广西民族研究，2005（3）：34-39.

（原载于《西部人居环境学刊》2016年第3期，在本书中有改动）

3

扁担山——白水河谷地区布依族山地聚落营建研究

CASE OF BUYI SETTLEMENTS IN BAISHUI VALLEY, BIANDAN-MOUNTAIN AREA

布依族｜白水河谷中的屯遗址

布依族 | 从布依朗后山眺望白水河谷

布依族 | 孔马

布依族 | 高荡的广场及居民

布依族 | 殷家庄民居

3.1 引言

扁担山地区是布依族的世代聚居地之一，位于贵州省中部镇宁、关岭、六枝三县交界地带，大部位于镇宁县。整体地貌以喀斯特峰丛（峰林）谷地为主，乌蒙山余脉自滇黔交界起逶迤而来，白水河及其支流穿行于山间，在地质抬升与水体溶蚀的共同作用下，形成“西北——东南”走向的河谷平坝，当地形象称之为“槽子”地形。河谷平坝长约30公里，宽约1000米，平坝中仍残留有一组与边缘山脉走向基本一致的数座圆锥状孤峰。布依族先民很早就在该地区定居、耕作，他们数十、上百户地聚居在一起。

据当地普遍说法，这一地区共形成48个布依族的大寨子，习惯称之为“四十八寨”，此外还有若干小村寨。这些村寨依山傍水、风光秀丽，寨内民居全以石头筑成，寨前田坝平坦、河流环绕，寨后群山围绕、绿树掩映，形成了良好的人居环境。但是，追溯这一美好人居环境的形成，却是当地少数民

图3-1 研究区域所处位置
（来源：笔者自绘）

图3-2 区域内布依族典型聚落与民居建筑
（来源：左图为当地建设部门提供，右图笔者自摄）

族祖先在面临极大生存压力的情况下，在初期聚落选址与营建时期遵循自然规律适当加以改造、并在随后的聚落发展过程中不断调整加以适应的结果。

3.2 前提：巨大的生存压力

生存压力愈加明显的地区，其聚落体现出的“生存适应性”也愈加突出。20世纪30年代，英国经济史学家托尼（R. H. Tawney）在研究中国农村时提出比喻：“有些农村人口的境况，就像一个人长久地站在齐脖深的河水中，只要涌来一阵细浪，就会陷入灭顶之灾。”（Tawney, 1932）这一比喻经斯科特（J. C. Scott）在其经典著作《农民的道义经济学》中引用后，“水深齐脖”似的生存压力已成为研究农民与农业生产的一个著名论断。贵州地形主要以山地与丘陵峡谷为主，地表错综复杂，对于农耕生产而言具有天然的劣势。地处这一地区的各少数民族，面对“连峰际天、飞鸟不通”与“烟瘴之地、蛮荒之邦”的生存环境，从定居此地开始，面临着远比平原地区更为巨大的生存压力，“一遇岁啬，无三余足九之备，而饿殍载道矣。比之中原田畴平衍膏腴，相悬天渊”。[1]其生存压力主要体现在可耕作土地缺乏、生态敏感性高与自然灾害频发三个方面。

[1]［民国］葛天乙. 民国兴仁县补志[M]. 古籍影印本. 黄加服，段志洪，编. 中国地方志集成·贵州府县志辑（31）. 成都：巴蜀书社，2006.

3.2.1 可耕作土地缺乏

可供耕作的土地是农耕民族定居与生存的基础，对于早期迁徙至贵州的少数民族祖先而言，合适的可供耕作的土地是定居与生存的最基本因素。贵州省是唯一没有平原支撑的内陆山地省份，“黔省田地俱在万山之中，土薄石积，固属难开”。❶地形以喀斯特高山峡谷为主，地形多被山脉、水系所分割破碎，往往呈现出“重岗峻岭，众溪环绕”❷与“山川险阻，林箐蓊郁”❸的特点。

尽管扁担山区的地形条件相对已属难得，其“槽子底部”相对平坦，且具备一定灌溉条件。但整体而言，该地区的可耕作土地仍然十分匮乏。一方面是因为“槽子底部”的平地与缓坡地比例原本就极低，据《贵州省地表自然形态信息数据量测研究》，镇宁、关岭、六枝三县的坡度低于6° 以下的平地面积比重分别仅为15.1%、13.6%与15.0%，其余都是难以耕作的坡地、陡坡地；另一方面因为地质作用，河流往往位于较低位置，“田高水低”，原本就很稀少的平地往往因为灌溉的原因难以进行农耕生产。结合以上两方面，该地区的少量适合耕作土地大多集中于河谷平坝，尽管存在面积小、分布散等问题，但已属山地难得的具备较好耕作条件的土地，显得尤为珍贵。

3.2.2 生态敏感度极高

贵州是典型的喀斯特地区，地层以石灰岩为主，岩层保水性很弱，需经很长时间方能积累一层薄土层，由此形成的生态系统亦极为薄弱，易受外界干扰。如因人类开发坡耕地等活动将土层之上的植被破坏之后，土层松散，极易被雨水冲刷带走，造成大面积的水土流失。水土流失的过程一旦开启，如不尽快通过植树固土等手段加以治理，将会迅速恶化，形成喀斯特地区典型的“石漠化”现象。康熙年间，陈鼎曾描述过安顺周围峰丛情况：“（山）俱平地突起，绕道而生，

❶ 第一历史档案馆，编. “康熙五十五年八月护理贵州巡抚事务布政使白潢奏折”条[A]//康熙朝汉文朱批奏折汇编[M]. 北京：中国档案出版社，1985.

❷［清］李昶元，彭钰. 光绪镇宁州志[M]. 古籍影印本. 黄加服，段志洪，编. 中国地方志集成·贵州府县志辑（44）. 成都：巴蜀书社，2006.

❸［清］黄培杰. 道光永宁州志[M]. 古籍影印本. 黄加服，段志洪，编. 中国地方志集成·贵州府县志辑（40）. 成都：巴蜀书社，2006.

远山则连亘插天，童然不毛，田皆石底上，惟尺土”[1]，这表明扁担山区域已经出现一定程度的石漠化现象。

地形与地质条件决定了该地区的生态环境极为脆弱，耕作生活于其中的少数民族必须小心处理与自然的关系，因为生态环境一旦破坏，生存即无法保证，“土肥告竭，即归荒废，人民迁徙他处，另辟荒地”。[2]

3.2.3 自然灾害频发

由于地形崎岖复杂、山高坡陡、谷深水急的原因，在异常气候的影响下，贵州各地容易受到洪水、泥石流、干旱、冰雹、凌冻等自然灾害的影响，成书于明万历三十六年（1608年），记载了明正统十四年（1449年）至万历三十年（1602年）共153年间事迹的《黔书·灾祥志》，记载贵州全省范围内的大灾害共计136余次。[3]

对于扁担山及附近地区，尤以水灾、泥石流和旱灾最为频发。由于地形原因，较容易发生山洪暴涨，关岭县康熙五十二年“秋冬淫雨，田无获”[4]，雍正五年“涨水，陆地成潭”[5]，两次洪水都造成了一县范围内耕作的歉收乃至绝产。泥石流是山地特有的地质灾害，尤其是当喀斯特山坡的植被受到破坏之后，暴雨裹胁泥土与石块，快速从山坡滑落，会对山下的村庄与田地造成极大的影响，如嘉靖五年“永宁夕苏屯等山崩，压官田毁民舍”[6]，万历二十四年“安顺州风雨大作，山崩河决……地方田土冲坏、民居淹没不可胜数”[7]。2010年，临近的关岭县岗乌镇大寨村因连日降雨引发泥石流，造成107人被掩埋。此外还有旱灾等影响，仅嘉庆年间，关岭县就在嘉庆三年、十九年、二十四年，多次因大旱等原因发生大饥荒[8]。

3.3 形成：针对生存压力的聚落空间回应

聚居，必须首先解决人的生存问题。需要针对该地所面

[1] [清] 陈鼎．滇黔纪游[M]．古籍影印本．济南：齐鲁书社，2009.

[2] 任美锷．任美锷地理论文选[M]．北京：商务印书馆，1991.

[3] [明] 郭子章．万历黔记[M]．古籍影印本．黄加服，段志洪，编．中国地方志集成·贵州府县志辑（2）．成都：巴蜀书社，2006.

[4] [清] 黄培杰．道光永宁州志[M]．古籍影印本．黄加服，段志洪，编．中国地方志集成·贵州府县志辑（40）．成都：巴蜀书社，2006.

[5] 同上。

[6] [明] 郭子章．万历黔记[M]．古籍影印本．黄加服，段志洪，编．中国地方志集成·贵州府县志辑（2）．成都：巴蜀书社，2006.

[7] 同上。

[8] [清] 黄培杰．道光永宁州志[M]．古籍影印本．黄加服，段志洪，编．中国地方志集成·贵州府县志辑（40）．成都：巴蜀书社，2006.

临的生存压力，在聚落营建过程中进行合理回应，尤其在聚落的初步形成阶段，通过选址、布局等的综合考量，“最大程度上取自然之利，避自然之害，造就自己安居的乐土”（吴良镛，2011）。

3.3.1 选址：以田地为核心的“山—水—田”综合考量

选址是聚落营建的第一个步骤，是奠定其人居格局的最基本因素，对于解决人的生存问题至关重要。对于贵州山区而言，土地对于生存的第一重要性是毋庸置疑的，因此选址最为核心之处首先在于寻求合适的可耕作土地，以解决吃饭问题，并在此基础上尽可能地避免水灾等自然灾害影响。

出于记录载体的缺乏，贵州各少数民族村落营建很少有相关的图像资料遗存。但幸运地，各少数民族中存在的以“代代传承”为主要特征的民族史歌，其中记载了少数民族定居贵州山地以来的场景。我们对歌谣的文本加以分析，能得出不少有意义的关于聚落选址的诸多信息。如苗族古歌《跋山涉水》记述苗族先民在远古时期迁入贵州黔东南山区，选择定居之所的全过程。其中最重要的一个环节，是选择合适的河流冲积平地，并对该地的土质进行考察，看其是否适合耕作。“走到大河弯，挖挖泥土看，泥土黝黝黑，泥土松松软，奶奶和公公，心里好喜欢……河坝好种田，山弯好住家，我们不走了，安家来住下。”[1]侗族古歌《侗族祖先哪里来》记述了相似的过程：“这里土熟地好……绿水环抱山旁，溪边那块小坝，田中禾秆粗得像大腿一样。”[2]

布依族是我国最早从事稻作生产的民族之一（马启忠，等，1998），其原名“种家”、“仲家”即是“积累了丰富的稻种经验”之人的意思。他们对于可供耕作的田地尤为珍视，贵州民谚有“高山苗，水仲家（布依），仡佬住在山旮旯”说法，与其说布依族聚落通常位于水边，不如说通常位于水边

[1] 田兵．苗族古歌[M]．贵阳：贵州人民出版社，1993.

[2] 贵州民间文学研究会，编．侗族祖先哪里来（侗族古歌）[M]．贵阳：贵州人民出版社，1981.

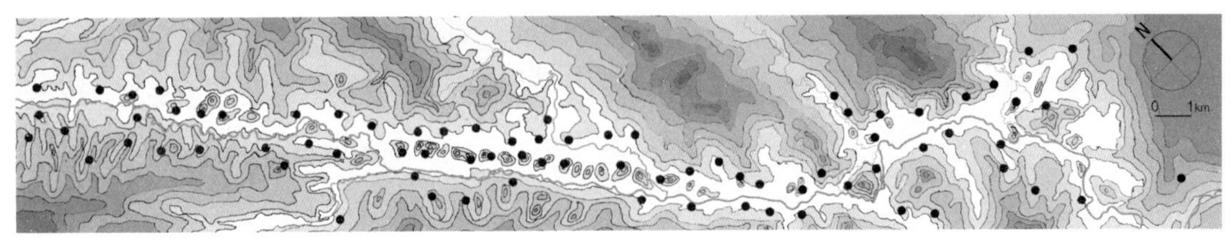

图3-3 扁担山区域聚落分布情况
（来源：笔者自绘）

形成的利于灌溉耕作的田地边。正因为当地“**田亩皆依山靠涧，高下畸零**”[1]，而聚落选址则依托于这些山谷间的“坝子”。

扁担山地区就是典型的河谷平坝。它整体呈现出“两山夹一河”的“槽子”地貌。河谷“西北—东南”走向，长30余公里，宽600～1000米，中间白水河穿流而过，冲积形成较为平坦的河谷平地，整个河谷平坝海拔基本处于1000米左右。南-北两侧高山耸峙，高出河谷200余米。河谷中部还发育一组圆锥形喀斯特孤峰，峰顶一般高出河谷50～120米。从图3-3的扁担山区聚落分布图中可以看出，上起六枝县城、下讫黄果树瀑布的约30公里河谷范围内，分布有大大小小的聚落60余个，其中大部分聚落具有数百年的历史。聚落分布有三个特点：（1）聚落背靠大山，前临河谷，范围涵盖河流、平坝、山地等多种地貌；（2）村庄位于山脚地带，高出平坝约20～80米，河谷平坝开垦为田地；（3）聚落间相互距离约1公里，保持各自有相对充分的生存发展空间。

从以上文本分析和实例研究可以看出，贵州山地聚落选址的核心因素是田地，选址是否合适取决于当地的“田地”是否可以支撑一个村寨人口的吃饭需要。在此基础上，进一步考虑“山—水—田”的整体形势，“山”用于遮蔽寒风与山林生长，“水”用于浇田与饮用，“水”冲积而成的小平原形成田地。合理的“山—水—田”形成利于人生存居住的自然空间格局，这就是山地民族传统聚落的理想居址。

3.3.2 布局：聚落范围内多因素的总体谋划

“布局”，是指在已有的自然环境格局中，总体谋划人工

[1] [清]爱必达，张凤孙．乾隆黔南识略[M]．古籍影印本．黄加服，段志洪，编．中国地方志集成·贵州府县志辑（5）．成都：巴蜀书社，2006.

营建与自然基底的关系，确定空间结构。对于聚落而言，其“布局”的空间范围显然不能局限于以人工建成环境为主的村庄，而应涵盖周边山体、河流、耕地、林地等自然与人工环境。据扁担山区的例子，聚落往往在方圆1~2公里的范围内，对其中的多种因素进行总体布局。

同样地，我们可以从口口相传的少数民族古歌中了解聚落形成初期少数民族先民的布局的朴素理念。布依族古歌《造万物歌》描述了一位无所不能的圣人“翁杰”，由他开天辟地，塑造万物。他造万物的顺序可以看成是少数民族先民对周边自然环境加以利用，营建人工环境，并最终形成聚居环境的过程。在“造天造地”之后，翁杰依次“造泥土”，“造山坡”，“造田地”，“造房屋”，“造粮”，“造路”，“造场”[1]。从中，我们可以看出聚落营建之初的布局要素，包括山河、田地、房屋与树林、道路、市场等，顺序也体现出其与生存的密切程度。

图3-4显示了扁担山区一处典型聚落群布局。该处为6平方公里的半围合河谷平坝，四周群山环绕，平坝中部突出数座圆锥状山丘，白水河及其支流在此交汇。在山水形成的基底上，布依族先民在平坝内平整田地，开挖沟渠，进行耕作生产。同时，在平坝边缘的山脚地带，选取了5处基址进行村庄民居的建设，既能受到山体的庇护，又方便进入平坝耕作。最终形成了如下的整体格局，各聚落依山面水，相距约1公里，各聚落均涵盖山、水、田、林，村等空间要素，形成了完整的地理单元，为农业生产生活奠定了基础。

3.3.3　营建：“山—水—田—林—村”有机整体

在确定聚落选址与布局之后，人们开始了对聚落人居环境的整体经营，改造自然、对山、水进行整理、开辟田地、种植树林、营建聚落，最终得以构建聚落生存发展的基础。比如改造平坝以形成耕作田地，“翁戛搬石头，砌成石坎坎，

[1] 贵州省社会科学院文学研究所，黔东南布依族苗族自治州文艺研究室，编. 布依族古歌叙事歌选[M]. 贵阳：贵州人民出版社，1982.

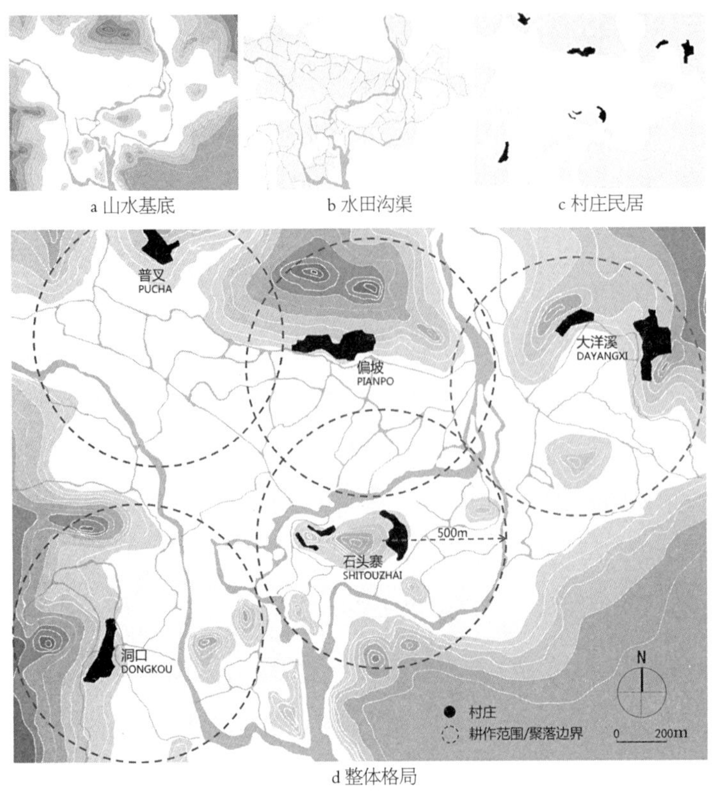

图3-4 聚落整体格局初步形成过程
（来源：笔者自绘）

用衣兜撮泥，造成块块田。中间变沟壑，条条山溪水，汇成条条河”❶，“造成好田千万块，造成好地千万丘”❷；在山坡上植树造林，“上天要草种，上天要树种……哪匹坡啊都撒到，哪层山啊都撒遍。转眼山上长出千种树，转眼地下长满万种草”❸；造房屋“你（杉树）去做粮仓，你去做房屋。拿你做中柱，拿你做大梁”❹，“十九为石房石墙，薄者代瓦，厚者代砖，且价廉耐久也。”❺

借助于历代传承的布依族古歌文本，结合对实际村庄的考察。我们从中可以总结出山地聚落的整体营建过程如下：（1）山岭与河流共同塑造整个山水基底，形成“槽状”沿河平地。（2）在平地中开辟田地，并从河流中引水灌溉。（3）山上种植树林，一方面为旱地与水田保持水土，为村寨与田地遮风寒、固山石，另一方面为村寨生产生活所利用。（4）村落营建位于山脚地带，确保其“占山不占田”。

❶ 何积全，陈立浩. 布依族文学史[M]. 贵阳：贵州民族出版社，1992.

❷ 贵州省社会科学院文学研究所，黔东南布依族苗族自治州文艺研究室，编. 布依族古歌叙事歌选[M]. 贵阳：贵州人民出版社，1982.

❸ 同上。

❹ 同上。

❺［民国］胡翯. 民国镇宁县志[M]. 古籍影印本. 黄加服，段志洪，编. 中国地方志集成·贵州府县志辑（44）. 成都：巴蜀书社，2006.

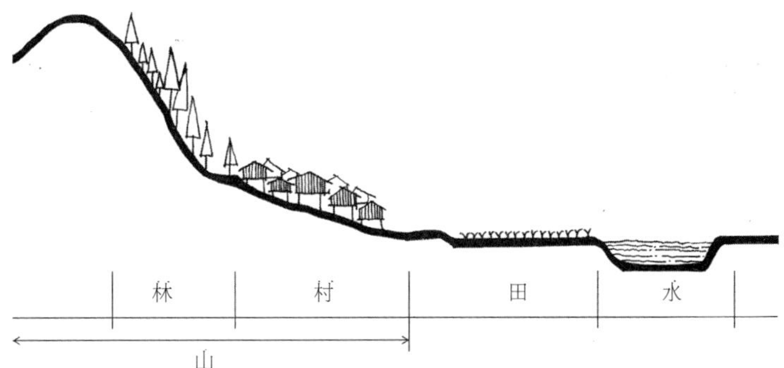

图3-5 典型聚落剖面
（来源：笔者自绘）

既有高山茂林的庇护，又能避免受到河流泛滥的影响，还能方便到田地进行耕作。（5）房屋均由石材与杉木建成，当地盛产石材，厚石为墙，杉木为梁，片石为瓦，整个村庄均可利用当地材料砌筑而成。

经过形成初期的探索与漫长的演变过程，贵州传统山地聚落普遍形成了“山—水—田—林—村”的整体格局。在这一格局中，连绵山峰环绕村落，为人的居住提供庇护；溪流在村前田间流淌，以供引用，并方便田地灌溉；田地充分利用山间平地，为人提供最为基础的食品保障；树林覆盖山地，以维系生态，同时保护村寨免受泥石流等自然灾害影响；而村庄住房依山而建，绝不侵占田地，各自具备特色。

3.4 演变：聚落空间的发展与调整

在聚落空间格局基本形成后的漫长时间里，随着人口的繁衍，聚落不断保持发展。同时随着外部环境的变化，聚落空间也需要作出相应的调整。主要有聚落空间自然生长、对人与自然的关系进行调适、应对突发外部情况，与外界进行交流等方面。

3.4.1 生长

随着聚落人口的不断繁衍，聚落不断生长。因发展阶段与限制情况的不同，传统山地聚落的生长往往呈现如下三种方式。

（1）原有聚落格局内的自然生长。人口的增长幅度尚在聚落的生态容量之内，仍有可供开垦的田地，村庄仍有可供建设房屋的用地，聚落会呈现出自然生长的演变态势。聚落格局基本保持稳定，村庄的住房沿等高线少量增加，田地范围有所扩展。

（2）依托于原有聚落格局的“多核”生长，形成单一聚落格局中的系列村落。聚落范围内仍有可供开垦田地，但原有村庄建设用地不足。一般在聚落范围内另寻一处或数处，发育出新的村庄。两个村庄或多个村庄共处于一个“山—水—田—林”的聚落空间格局中。

（3）另寻新址构建新的聚落，形成“分支”聚落。当聚落的土地不足以支撑聚落人口的增长时，一般会在原有聚落范围之外另寻合适地点，重新构建新的“山—水—田—林—村”格局。

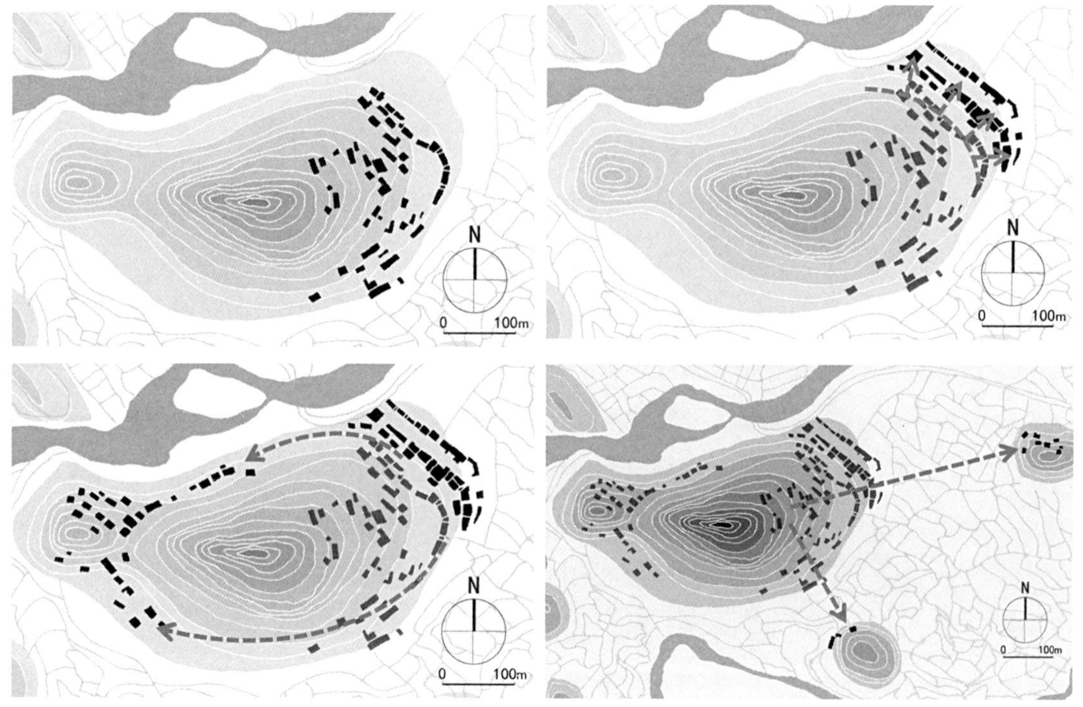

图3-6 石头寨聚落生长演变
（来源：笔者自绘）

图3-6表现的是扁担山区典型聚落石头寨的生长情况。聚落发展主要依托于从河谷平坝中升起的一圆锥状山丘，在发展初期村庄建设主要集中于山体东部与北部的山脚至山腰地带；后随着聚落人口增多，民居逐渐沿山体等高线扩展，形成了以山顶为圆心的环状结构；最终，随着人口继续增加，有部分支系迁至周边两个小的山丘处另行建设房屋以供居住。值得注意的是，尽管人口增长为居住用地带来很大的压力，在20世纪80年代之前，石头寨房屋建设一直都遵循“占山不占田”的基本规则，都是在山脚地带进行发展，严格保护耕地。这体现出无论聚落如何演变，农耕时代人们对于土地这一生存根本始终持以珍视的态度。但这一原则在近年则屡被突破，令人惋惜。

3.4.2 调适

在聚落演变过程中，有可能出现人对自然的利用超过了生态容量的情况，如过量砍伐树木导致生态变化、盲目开垦土地导致土壤流失、村庄建设用地侵占农田等，这些行为往往会招致自然的惩罚。针对这一情况，当地民众会吸取教训，对人类活动与聚落空间进行调整，使之不断适应自然规律，完善聚落整体格局。

扁担山区曾发生过因大量垦荒而导致石漠化的教训。清朝前期，由于较长时间的和平，同时大量外部人口迁入，形成较大的人口压力。于是，政府号召开垦荒地，康熙五十一年“自平定以来，人民渐增，开垦无遗，或沙石堆积、难于耕种者，间亦有之，而山谷崎岖之地，已无弃土，尽皆耕种矣”[1]。覆盖喀斯特山体的树林和植被是山地生态系统的重要保障，也是聚落赖以生存发展的基础之一，大量开荒对山地树林及生态系统造成了较大破坏。尽管在开垦前几年能够获得一定的农业产出，但数年后就会演变为较为严重的石漠化，从而受到自然的惩罚。康熙年间贵州巡抚陈诜上奏：“臣初进黔境，见万山濯

[1] 佚名．“康熙五十一年二月”[A]//清实录·圣祖实录[M]．古籍影印本．北京：中华书局，2008.

濯，不种一蔬一木，询之居民，咸称有石无土，止可一年垦种，二三年后便不能收，且山多陡绝，雨多则土膏淋泄，十日不雨即坚结成块，根株不行，是以甘心弃置。”❶

面对这一情况，当地人民认识到山林对于人类生存和发展的重要作用，纷纷以乡规民约、祖训等方式规训全村人民，甚至将山林尊崇为“风水林”、“祖山林”，将树林的茂盛与否与族群的兴旺与否联系起来。如兴义顶效镇绿荫布依村寨在咸丰五年（公元1855年）曾立下一块“保护山林碑”，以乡规民约的形式，规定民众对于山林的保护义务。“众寨公议，近来因屋后南山放牧牲畜，草木因之濯濯，掀开石厂，巍石遂成嶙峋。举目四望，不胜叹息。……培植树木，禁止开挖，庶几龙脉丰满，人物咸兴。倘有不遵，开山破石罚钱一千二百文，牧牛割柴罚钱六百文。”❷

因此，直到20世纪中期之前，扁担山区几乎所有村寨后山都保持着较好的森林植被，进一步强化了“林”在聚落整体空间格局中的重要性。“几乎所有村寨周围的岩山、半石山，都生长着柏树、樟树、山槐的森林，灌木、灌木丛布满山头”❸。这是在聚落营建过程中对自然有所破坏，进而在聚落生存与发展中受到一定影响与惩罚之后，人们主动进行的调适活动。正是因为聚落能够通过不断的调适进行“纠错”，才能保证聚落空间的不断完善与发展，最终形成美好人居。

3.4.3 应激

聚落演变过程中，有时需应对战争、动乱等带来的重大冲击，往往在聚落营建中体现出来。清朝咸丰、同治年间，扁担山区经历了长达18年（1855-1872）的多次少数民族起义与动乱。“致使民众大批死亡或逃散，大姓夷为寒族，大村夷为小寨；甚至有全家灭绝，村寨化为乌有者”❹。在此情况下，幸存的聚落往往据全村之力，通过建设寨墙、依托村庄后山的险要之处建设堡垒（“屯”）等方式，加以回应。

❶第一历史档案馆，编．“康熙四十六年十一月二十六日贵州巡抚陈诜奏”条[A]//康熙朝汉文朱批奏折汇编[M]．北京：中国档案出版社，1985.

❷黔西南布依族苗族自治州史志办公室．黔西南布依族清代乡规民约碑文选[Z]．1986.

❸陈国安，颜勇，马启忠．中国少数民族现状与发展调查研究丛书——镇宁县布依族卷[M]．北京：民族出版社，2008.

❹［民国］黄元操，任可澄．民国续修安顺府志[M]．古籍影印本．黄加服，段志洪，编．中国地方志集成·贵州府县志辑（40）．成都：巴蜀书社，2006.

图3-7 石头寨三道寨墙示意
（来源：笔者自绘）

图3-7显示了石头寨为应对战乱威胁，全村动员建设3道寨墙的相关情况。全寨地势较低的民居均相邻建设，以石头砌筑的墙体相连，构成了村寨的第一道寨墙；第二道寨墙位于山腰处，由厚石垒筑而成，与山体南北两侧的陡崖相接，形成了抵抗战乱的最主要防御线；第三道寨墙则位于山顶，是聚落的最后防线，同时山顶也是村寨山神祭祀处。平时村庄人口主要居住于第1圈与第2圈之间，外来武装袭扰时，全村村民依托各家石墙抵抗未果后，依次退入第二道寨墙与第三道寨墙内，集中防守。

此外，该区域内村寨还往往依托后山的险要之处，建设“屯”以求自保。依山筑石，凭险固守，高度一般超过3米，内部可容全村人躲避并组织抵抗，一般还会有食物储存空间。仅镇宁一县，在清朝咸丰同治年间有记载的即有120余村寨由村民自行修建“屯”[❶]，以求自保。图3-8即该区域内位于高荡村后山山顶、凭险据守的屯。

3.4.4 交流

自元朝开始，中央政府加强了对贵州少数民族地区的统治。尤其是明朝之后从中原、江南地区大量迁入汉族军民，修筑卫所，屯田驻守。扁担山区位于黔中交通要地，因此布

❶［民国］胡翯. 民国镇宁县志[M]. 古籍影印本. 黄加服，段志洪，编. 中国地方志集成·贵州府县志辑（44）. 成都：巴蜀书社，2006.

图3-8 高荡寨后坉全景及坉门遗存
（来源：笔者自摄）

依族与迁入汉族接触机会颇多。在聚落营建上也有了一定的交流。汉族与少数民族之间在房屋砌筑、水利设施等方面互相交流。尤其是汉族带来了较为先进的农田水利设施与技术以及屯堡堡垒修筑技术等，这些方法为布依村民所学习，为改善当地聚落人居环境起到了一定作用。

3.5 结论和讨论

20世纪50年代，法国地理学家马克思·索尔提出地理条件决定“生存模式”的理论。聚落营建模式正是“生存模式”的重要组成部分与主要空间承载，它们自然而然地需要回应“生存”所必需的难题。扁担山区布依族山地聚落的营建过程正是植根当地，适应自然、并巧妙地加以利用的过程。最终形成的山地聚落“山—水—田—林—村”整体空间格局是少

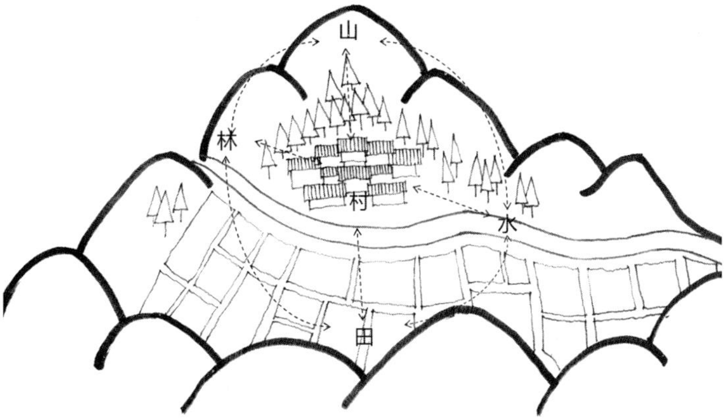

图3-9 聚落人居环境“山—水—田—林—村”典型模式
（来源：笔者自绘）

数民族以生存繁衍为核心要求，历经数代人不断摸索、营造、调适逐渐形成的，既是少数民族最为朴素、也最为牢固的大地空间观念的直接体现，也是其在面临生存压力的情况下赖以生存和繁衍的基本空间保障。

考察贵州传统山地聚落“山—水—田—林—村”的整体格局的形成过程，可以从中提炼出当地民众在巨大生存压力下形成的聚落空间营建智慧，表现为极为珍视土地，节制、谦逊、和谐地与自然相处，注重统筹聚落的各组成部分等多方面。同时，村民们在此过程中形成了共同遵守维护的聚落营建行为准则，可称为聚居的“生存伦理”。笔者相信从山地少数民族面临的“生存困境”出发，集数千年民众聚落营建中的智慧形成，共同遵循的聚落营建中合理处理人与自然关系的“生存伦理”，必将为今天城镇化进程中的美好乡村建设提供更多借鉴。

但今日由于工业化、城市化的发展，以及村民生产生活方式的变化，山地传统聚落赖以形成和发展的内部、外部条件正在发生改变，传统山地聚落及其营建思想正面临多重挑战。

首先，生存压力已不再是影响聚落的核心因素，由此形成的聚落整体营建思想面临崩溃危险。当前，当地农民的生存压力已极大减轻，农民可通过外出务工等方式获得生存保障。以往对于聚落营建最为核心的“田地”因素，对农民而言已不复重要，因此，整个聚落经数百年形成的珍惜田地、保护山林等朴素的“生存伦理”正在受到侵蚀。当前扁担山区的聚落，大量新建的农宅已经突破原有“占山不占田”的限制，向平地、道路扩展，侵占大量农田，而原有村落则出现空心化等现象，聚落“山—水—田—林—村”整体格局已经受到严重挑战。

其次，无序的城镇化有可能带来传统山地聚落的消亡，或者呈现出“千村一面”的可怜景象。近年，中国处于高速城镇化进程之中。过快的、无序的城市化扩张，一方面不断侵占农村土地，一部分的传统山地聚落正在被拆迁从而变为“城市”。另一方面，城镇化进程正在对大众认知施加巨大影响，“城市代表先进，农村代表落后”这一观念也影响了部分民众，因而，在当前的聚落建设中“建设性破坏”现象层出不穷，不少传统山地聚落的特色正在逐渐消失。这必须引起各界的重视。

（致谢：在本章写作过程中，与安顺市建筑设计院封基铖同志、安顺市民族宗教事务局王华同志、黄果树管委会石维国同志等多次讨论。尤其是封基铖同志与我一道走遍了多座典型布依村落。在此表示感谢！）

本章参考文献

[民国]葛天乙．民国兴仁县补志[M]．古籍影印本．黄加服，段志洪，编．中国地方志集成·贵州府县志辑（31）．成都：巴蜀书社，2006.

[民国]胡翯．民国镇宁县志[M]．古籍影印本．黄加服，段志洪，编．中国地方志集成·贵州府县志辑（44）．成都：巴蜀书社，2006.

[民国]黄元操，任可澄．民国续修安顺府志[M]．古籍影印本．黄加服，段志洪，编．中国地方志集成·贵州府县志辑（40）．成都：巴蜀书社，2006.

[明]郭子章．万历黔记[M]．古籍影印本．黄加服，段志洪，编．中国地方志集成·贵州府县志辑（2）．成都：巴蜀书社，2006.

[清]李昶元，彭钰．光绪镇宁州志[M]．古籍影印本．黄加服，段志洪，编．中国地方志集成·贵州府县志辑（44）．成都：巴蜀书社，2006.

[清]黄培杰．道光永宁州志[M]．古籍影印本．黄加服，段志洪，编．中国地方志集成·贵州府县志辑（40）．成都：巴蜀书社，2006.

[清]爱必达，张凤孙．乾隆黔南识略[M]．古籍影印本．黄加服，段志洪，编．中国地方志集成·贵州府县志辑（5）．成都：巴蜀书社，2006.

[清]陈鼎．滇黔纪游[M]．古籍影印本．济南：齐鲁书社，2009.

Rapoport A. House form and culture[M]. Prentice Hall, 1969.

Sorre, M.. Les fondements de la géographie humaine. L' Habitat, Vol.3. Paris: Armand Colin, 1952.

Tawney H. Land and Labour in China[M]. George Allen & Unwin, Ltd, 1932.

陈国安，颜勇，马启忠．中国少数民族现状与发展调查研究丛书——镇宁县布依族卷[M]．北京：民族出版社，2008.

第一历史档案馆，编．“康熙四十六年十一月二十六日贵州巡抚陈诜奏”条[A]//康熙朝汉文朱批奏折汇编[M]．北京：中国档案出版社，1985.

第一历史档案馆，编．“康熙五十五年八月护理贵州巡抚事务布政使白潢奏折”条[A]//康熙朝汉文朱批奏折汇编[M]．北京：中国档案出版社，1985.

贵州民间文学研究会，编．侗族祖先哪里来（侗族古歌）[M]．贵阳：贵州人民出版社，1981.

贵州省社会科学院文学研究所，黔东南布依族苗族自治州文艺研究室，编．布依族古歌叙事歌选[M]．贵阳：贵州人民出版社，1982.

贵州师范大学地理研究所，贵州省农业资源区划办公室．贵州省地表自然形态信息数据量测研究[M]．贵阳：贵州科技出版社，2000.

韩昭庆，陆丽雯．明代至清初贵州交通沿线的植被及石漠化分布的探讨[J]．中国历史地理论丛，2012，27（1）：29-46.

何积全，陈立浩．布依族文学史[M]．贵阳：贵州民族出版社，1992.

马启忠，王德龙．布依族文化研究[M]．贵阳：贵州民族出版社，1998.

黔西南布依族苗族自治州史志办公室．黔西南布依族清代乡规民约碑文选[Z]．1986.

任美锷．任美锷地理论文选[C]．北京：商务印书馆，1991．

孙伟．生态视野·黔东南州山区聚落与城镇发展研究[D]．成都：四川大学，2005.

田兵．苗族古歌[M]．贵阳：贵州人民出版社，1993.

吴良镛．广义建筑学[M]．北京：清华大学出版社，2011．

佚名．“康熙五十一年二月”[A]//清实录·圣祖实录[M]．古籍影印本．北京：中华书局，2008.

袁轶峰．清中期贵州的人口压力及相关问题[J]．江西社会科学，2011（11）：146-150.

周承．明中后期贵州自然灾害研究——以万历《黔记》为研究对象[C]．贵阳：“新一轮西部大开发与贵州社会发展”学术研讨会暨贵州省社会学学会2010年学术年会．2010.

（原载于《城市规划》2015年第9期，合作者封基钺，在本书中有改动）

4

雷公山—陶尧河地区苗族山地聚落营建研究

CASE OF MIAO SETTLEMENTS IN TAOYAO VALLEY, LEIGONG-MOUNTAIN AREA

苗族 | 西江沿山巷道

苗族 | 西江

苗族 | 乌流

苗族｜大塘的水上粮仓

苗族｜乌东的水碾房

4.1 引言

苗族是世居贵州的最具代表意义的少数民族之一，苗族在历史上经过多次迁徙进入贵州等地定居，其聚居地往往是自然条件最为艰巨的地区之一，通常位于群山大岭之中，当地民谚往往称之为“客家住街头，仲家（或侗家）住水头，苗家住山头”❶，因此其聚居文化也表现出更为突出的山地特点。

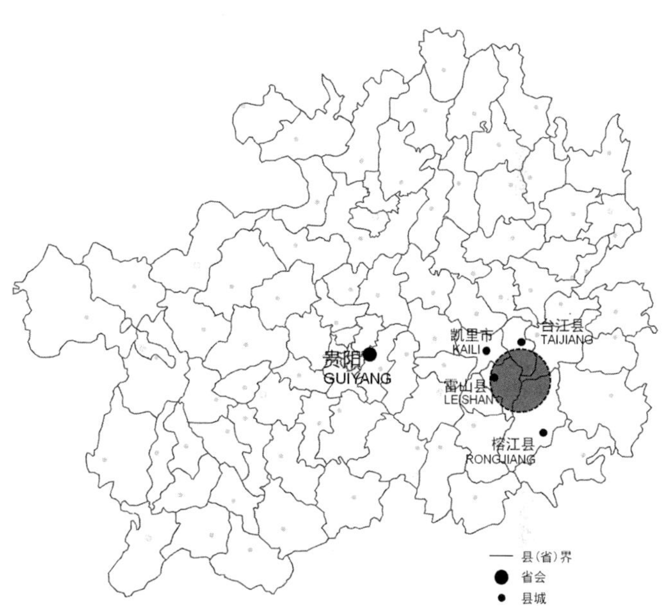

图4-1 雷公山位置示意图
（来源：笔者自绘）

本章主要以雷公山附近地区的苗族聚落为案例开展研究。雷公山位于贵州高原中部，是长江水系与珠江水系的分水岭。雷公山山脉逶迤，涉及雷山、台江、榕江、剑河四县，其中主峰海拔2178.8米，位于雷山县境内，雷山县也是雷公山地区的核心地带。该地区地形全为山地，雷山、榕江、台江、剑河四县土地坡度小于6°的平地占国土面积比例分别为2.7%、3.4%、4.4%和2.8%，而坡度高于25°的陡坡面积比例则分别为48.6%、35.1%、46.6%和54.3%（贵州师范大学地理研究所，等，2000）。地形极为崎岖复杂，一直人

❶“客家”指从中原等地迁居贵州的汉族，“仲家”指布依族，“侗家”指侗族。全句大意为，汉族等往往定居在平坦的地区形成街市，布依族与侗族往往定居于河流边，而苗族则往往居住于山上。

迹罕至。清代《苗疆闻见录》将其描述为“雷公山深在苗疆，为台拱、清江、丹江、麻哈、凯里、古州、八寨交界之地，绵亘二三百里，曰冷竹山、曰乌东山、曰野鸡山、曰黄阳山，叠嶂重峦，皆是山支，林木幽深，霾翁雾郁，水寒土软，人迹罕至，即昔称牛皮箐也”❶。而其主峰周边地区名为“牛皮箐”，其地势更为险峻，“牛皮箐在城东南……迤逦数百里，复嶂萦纡、深林蒙密、雾雨阴翳、蛇虎交行，从古人迹罕至。”❷

居住其中的苗族本无本民族文字，并且在历史中也很少见诸汉语文献记载，聚落历史图片等资料更是缺乏，为本文研究该地区苗族聚落在不同历史时期的情况带来困难。但幸运地，该地区存在众多以“代代相传”为特征的民族古歌与传说，记录了不少其先祖由外地搬迁而来、定居此地并进行建设与扩展的情况。同时，该地区苗族从明代开始有部分文人游历、笔记等文献零星涉及，至清早期之后官方对“平定苗乱”、开辟苗疆的过程也有一定记述，两方面“文本”相对照，可为本研究提供一定的基础材料。

4.2　迁徙与定居

苗族被称为东方的迁徙民族，历史上是一个苦难深重的民族。回溯苗族数千年来的历史，可以认为就是不断迁徙的历史，同时苗族作为一个具有较多分支的族群整体，其进入当前居住地的西南山地的历程也不尽相同，在较长的时间段里，经由不同的路线、在不同时间迁徙进入（石启贵，1986［1940］；石朝江，1995；伍新福，1999；何积全，1999）。其定居之地由平原富庶之地到中部丘陵地带，再到高山贫瘠之地，可以认为就是一部从中央到边缘、从平原到山地、从富饶到贫瘠，不断被驱赶，但是又不断在新的环境中求得生存的历史。

❶［清］徐家干．苗疆闻见录［M］．古籍影印本．黄加服，段志洪，编．中国地方志集成·贵州府县志辑（19）．成都：巴蜀书社，2006：596.

❷［清］爱必达，张凤孙．黔南识略［M］．古籍影印本，黄加服，段志洪，编．中国地方志集成·贵州府县志辑（5）．成都：巴蜀书社，2006：410-411.

图4-2 区域内典型苗族聚落
（来源：笔者自摄）

图4-3 区域内典型苗族建筑
（来源：笔者自摄）

4.2.1 到西南去：历史与传说中的数次大迁徙

关于苗族的族源及迁徙路线问题有多种说法。当前，比较公认的观点认为，苗族的族源至少可推至2000年前的秦汉时期，“有足够的证据证明，苗族的祖先（当时）就已经聚居在湘西、黔东这个当时称作五溪的地区。……后来，他们陆续向西迁徙，才逐渐形成现在的分布格局”（国家民委《民族问题五种丛书》编辑委员会，等，2009）。至于在此之前的历史，部分学者认为最早可追溯到江、淮及洞庭湖地区的三苗集团，部分学者根据苗族古歌的记载将其追溯至黄河流域的九黎、“髳”人等集团，如20世纪40年代石启贵（1986［1940］）提出：“伏思苗族，原来往来于交通繁盛之黄河流域，自被黄帝征服后，始自黄河流域而窜居于江、汉流域，继由江、汉流域而窜居湘、桂、黔、蜀、滇、康等地。换言之，牺牲膏腴，迁寄于不毛穷壤，放弃腹地，避往于深山丘陵。一逐再逐，逃千万里，扶老携幼，山峒避难。”苗族学者石朝江（1995）总结多种说法，提出了苗族历史上的“五次迁徙说”，分别是：（1）九黎集团从黄河流域因战败迁徙至长江流域，形成三苗集团；（2）三苗集团再次战败被迫迁入鄱阳、洞庭两湖以南地区；（3）春秋战国时期继续西迁，进入武陵山区等地；（4）自秦汉迄于唐宋，由于中央政权不断向武陵当地挤压，使得苗族先祖再一次西迁，进入到今天的黔东、黔东南、川滇黔交界等地，也正是这一次迁徙，奠定了今天苗族聚居地的大体范围；（5）元明清时期，由于战乱以及中央王朝“开辟苗疆”等原因，从上述主要集聚地四散迁徙，最远可至越南、老挝等地。这一说法尽管存在争议，尤其是在早期历史上，但不失为苗族族源研究的代表性观点。

流传于各地苗族的古歌中，有很多关于这段迁徙历史的记述。且对于其先祖定居地的描述还比较统一，流传于川滇黔交界地区的苗族在其古歌中多次提到其祖先定居地在“斗南一莫（笃纳伊莫）江”边，如“从苍天形成以后，从大地形成以后，苗族祖先则噶老，居住在电方台。电方台在当里木平原上，在斗南一莫江边”（潘定智，等，1997：295-297），包括译者在内的大部分学者都认为“斗南一莫江”即是现在的长江，而苗族的先祖此前居住在长江边的平原上。流传于黔东南地区的苗族古歌也普遍认为东方大江边的平原是他们祖宗定居之地，如当地《焚巾曲》[1]唱道，老人过世后，魂魄循着迁徙来时之路回到故乡，大江边“平坦无垠的老家乡”、“平坦的地方、明朗的去处”（中国民研会贵州分会，等，1982：108，283）。

再如苗族古歌《溯河西迁》，在不同的地方有不同的流传版本，但大体一致。古歌中不仅体现了迁徙的路径，还对各定居地的生境进行了描述：祖先原来居住在东边的海边或是河网平原地带，“爹娘原来住东方，大地连水两茫茫，波光潋滟接蓝天；地方平坦如晒席，又像粮仓的屋基。”后来因为人

[1] “焚巾曲”是在族中老人去世后，在其丧葬仪式上由歌师演唱。内容主要为引导逝者的灵魂，一步步回到其家乡，其路线基本上循着迁徙来时路线反向回归，并且会对迁徙过程中的若干停留聚居地进行描述。焚巾曲由苗族歌师代代相传，并且出于苗族文化中对于逝者死后灵魂“回归家乡”的重视，因而此类歌谣保留了较多的历史信息。

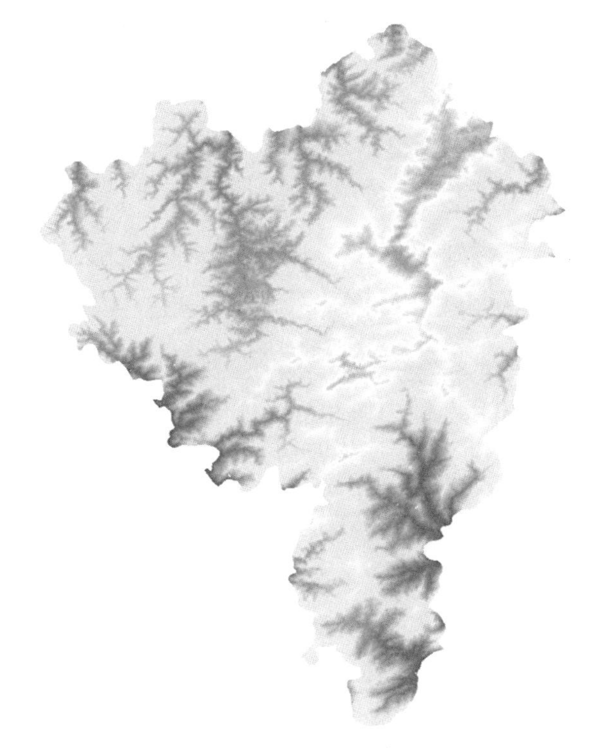

图4-4 雷山县地形地势
（来源："地理空间数据云"开放数据http：//www.gscloud.cn/）

口繁衍，有限的耕地无法承载众多的人口，"多宽也窄像马圈，再平也陡如锅沿。一窝难容许多鸟，一处难住众爹娘。火炕挨火炕烧饭，脚板摞脚板舂粮。房屋盖得像蜂窝，锅子鼎罐都挤破。"他们了解到，西方人少，且"西方山山出茶叶，西方处处产食粮，满坝稻谷黄央央；棉树粗得像碓杆，棉桃跟马心一样……妈妈听了喜洋洋，求幸福一定迁西方。"于是便举族溯河西迁，形成了"江西果→槽子岭→碎石山→党耶蒙→展巴山→南萝→南支江→南坳→南希河→南腊→南泽→展该坪→深水潭→镰刀滩→断崖脚→荆棘林→贡雄汪→方玖桑→党告坳/松继"的路线，并且在党告坳地方，分散各自营建居所，"方和福去交密，希和涅去方祥，德诺留在老地方……你家公公我家公公，一同来到方尼地方"[1]（马学良，等，1983：257-284）。

纵观苗族早期的迁徙过程，总体趋势是由北到南，由东到西，从平原地区到河网港汊纵横的地带，最终到达西南的

[1] 交密、方祥、方尼、党告坳等均是雷山地区的地名。

崇山峻岭，地形地势与自然环境发生了巨大的改变。本章研究的黔东南雷公山地区，地形崎岖破碎，平地极为罕见，山高林密，交通极为不便，不仅人迹罕至，而且长期不为中央政权力量所达，这一地区成了屡被驱赶而迁徙的苗族历史中的“避难所”，正是在这片高山峻岭中，苗族先民逐渐适应当地的地形地貌与自然环境，建立起与之相适应的生产生活方式，营建自己的聚居之地。经过不断地发展，雷公山地区已成为当前苗族的主要定居地和苗族文化中心之一。

4.2.2 往山中去（一）：清王朝“开辟生界”与“开屯设堡”的外部影响

1000余年前，第一批苗族先民进入雷公山地区定居。该地区山高林密，交通不便，远离当时重要的交通干道，同时，地形过于崎岖，进行大规模开发的难度十分大，很少受外界影响，因此避乱进入该地区的苗族先民有了较长的时间繁衍生息，到明末清初之时，苗族聚落已经在该区域分布较广，“苗人聚种而居，窟宅之地皆呼为寨，或二三百家为一寨，或百数十家为一寨，依山傍涧，火种刀耕”❶并形成了鸡讲（今西江）、陶尧等有数百年建寨历史、并居住大量苗民的大苗寨

事实上，一直到清朝康熙、雍正年间，中央政府对该地区一直未建立有效的直接管治，也即是清朝文献中所述的“生界”，“生界”之内的苗族称为“生苗”，与外界的“熟苗”相对。“苗人聚处一隅，周环千里。……外境为‘熟苗’，输租服役，稍类编氓；其居六厅深处不与租役者，则皆谓之‘生苗’”❷。

清政府于雍正年间下定决心将该地区纳入有效直接统治中，于雍正五年开始派遣鄂尔泰、张广泗、方显等人招抚黔东南地区苗族“生界”，由外围开始，分多路逐渐向“生界”内部、向深山地区推进。在兵剿与招抚的过程中，雍正七年至十一年期间，陆续在该地区设立八寨、丹江、清江、古

❶［清］徐家干．苗疆闻见录［M］．古籍影印本．黄加服，段志洪，编．中国地方志集成·贵州府县志辑（19）．成都：巴蜀书社，2006：602.

❷同上

州、都江、台拱六厅，即称之为“新疆六厅”，雷公山地区大部属于“丹江”厅，由此中央政府第一次在该地区建立了行政建制。

雍正十三年，清驻军与当地苗民的矛盾激化，又一次暴发苗民起义（清史籍称“雍乾苗乱”）。时任贵州巡抚张广泗等又一次负责镇压招抚，在征抚平定起义苗民之后，张广泗认为需引入屯田兵丁，方可实现该地的“长治久安”。他在向乾隆的上疏中建议引入屯田兵丁，“添设屯兵，无事则尽力南亩，有警则即可就近抵御……每户上田给与六亩，中田八亩，下田十亩”，并且“其附田山土，尽令垦种杂粮。”[1]

自乾隆元年（1736年）起，“开屯设堡”在黔东南地区正式开行。“新疆六厅”分设9卫109堡，共有屯军8930户[2]。而丹江厅则分设12堡，分别为震威、连城、南屏、治安、肇泰、长丰、永定、望抚、抚远、绥宁、北键、培墉（雷山县志编纂委员会，1992）。屯堡为准军事机构，平时为民，战时则为兵，使汉民“务须一二百户，或数十户以上为一村寨，修砌土堡，聚居一处，毋许如内地之民零星散居，亦永远不许与苗人搀杂居住，仍按户编成牌甲，每堡择立屯长或乡堡以统率之”（中国第一历史档案馆，等，1987:227-228）。

清朝前期“开辟生界”与“开屯设堡”对定居于此的苗族先民造成了极大的影响，这也是导致当地苗族从雷公山浅山地区向深山地区再一次迁徙的重要外部原因。在“征抚苗乱”、开辟“生界”的过程中，位于浅山地区的众多苗寨位于战争第一线，或败或降，张广泗上疏时自述“查此番……深僻险远之地，兵威无处不到，剿苗寨八百有余，凡经附逆之寨，逐为稽核，有十去二三者，有十去其五六或八九者，统计现在户口较之从前未及其半，所有绝户田土实多。”[3]大量的苗族先民为躲避战乱，逃入雷公山更深处，并在海拔更高、地形更为险峻的地点营建新的聚落。今天，在雷山进行田野调查，还有很多村寨的苗族老人指出他们的祖先就是为了躲

[1]［清］余泽春．古州厅志［M］．古籍影印本．黄加服，段志洪，编．中国地方志集成·贵州府县志辑（19）．成都：巴蜀书社，2006：326-328.

[2]［民国］任可澄，等．贵州通志［M］．古籍影印本．黄加服，段志洪，编．中国地方志集成·贵州府县志辑（9）．成都：巴蜀书社，2006：226-233.

[3] 同[1]

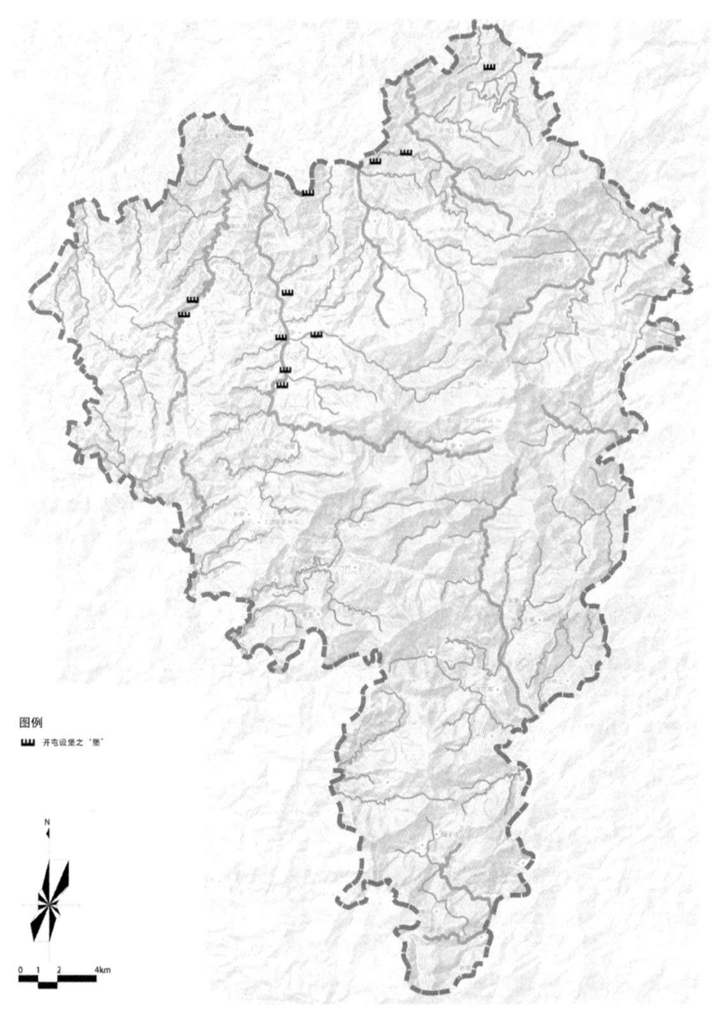

图4-5　1736年丹江厅设12堡图（当前雷山县境内有11堡，另有1堡位于今台江县境内）
（来源：根据地方志材料绘制）

避当时的战乱而避居于此，继而形成新的苗族聚落。

稍后推行的“安屯设堡”，也对苗族先民往深山区迁徙起到了直接的作用。在丹江厅设立的十二屯，因为“战时为兵，平时为农”的定位，选址既考虑战略位置，也考虑其生存基础，因此，最终十二屯均位于雷公山流出的主要河流的下游河谷地带，既能扼守河上游绝大部分苗寨下山的路径，以拱卫厅城，并防范苗民袭扰当时由湘入滇的战略大通道，也能留有充足的河谷平坝田供己耕作。丹江厅12个屯“**共计屯军830户，按每户一号（60挑）的数量分配坝子水田，共计分配熟田8.3千亩**”（雷山县志编纂委员会，1992）。屯堡开设往往侵占了原来具有交通条件与耕作条件相对较好的苗寨，而这些苗寨往往也是最初一批苗族先民进入此地的定居地。这些地点的苗民往往只能往山上迁徙，例如开设“肇泰堡”，占据了现在雷山县城教厂坝、南门坝等多处良田，当时居住于该地的苗族先民只能往山中四散而居，近的迁到了附近的基勇等寨，而远的甚至迁到了数十公里之外的乌勇、乔王等山中苗寨（吴玉贵，2010）。可以肯定的是，新的居住点的耕作条件远不如原定居的肇泰堡附近，多为“只种山坡沟涧畸零之田”[1]。

4.2.3 往山中去（二）：人口压力与自然灾害的内部驱动

在该地区定居的漫长时间里，由于受外界干扰相对较少，经过若干年的繁衍，最开始定居的村寨人口会有较大的增长。由于当地的可耕地一般较为有限，因此村寨会面临很大的人口压力，此时，寨中便会有人外出另寻合适的居所。而“原生聚落”也将此视为族群“开枝散叶”的方式，将新的“次生聚落”视为本聚落族群体系的一员。如流传于黔东南地区的苗族古歌“弟兄分居”：“雀儿多了窝子住不下，人丁多了地方住不了。容不下火塘烧火，放不下脚杆舂谷。大家分散了，一个一处走。分开地方去住吧……老虎尾巴拴火把，青蛇头上点松油。走过了六山五岭，燃遍了五坡六沟。这就将地方分了，分得平地开成田，分得山坡挖成土，耕田种地养爹娘”（马学良，等，1983：182−183）。再如流传于黔东地区的苗族古歌中这样记述迁徙寻找新址的原因：“还嫌耕种的田少了，还嫌山坡删了。要去找宽的坝子，要去找宽的平原，要去找好的河流，要去找好的地方”（苗族文学史编写组，1959b：5）。

这一“原生聚落”繁衍扩大，衍生出新的“次生聚落”在1000余年的营建中不断发生，据吴玉贵（2010）等人的调查，该地区建寨时间较短的村寨往往是由“老寨子”中的人

[1] [清]爱必达，张凤孙：黔南识略[M]. 古籍影印本. 黄加服，段志洪，编. 中国地方志集成·贵州府县志辑（5）. 成都：巴蜀书社，2006：410−411.

迁出定居繁衍而成，因而普遍具有亲缘关系。各种后续营建的小寨子追溯其族源，往往能追溯到西江、黄里、陶尧、台拱、登鲁、汪江等这一类建寨时间较长、自然条件较好的大寨去。如《焚巾曲》记载中的汪江，“走到村寨密集的地方，走到汪江地方。汪江是公公的老家乡，从前祖先们，抬脚跑官兵，在那里安家。汪江冰雪多，汪江树林大，做活无收成，妈妈分支住……杀水牛议榔，议榔后分支。一支去方北、一支去方南、一支去方良、一支去方你，一支去谢岛，一支去新龙，一支去登鲁”（中国民研会贵州分会，等，1982：174-175）。在流传于该地区的另一个版本的古歌中，同样讲述了苗族始祖从东部平原地带历经千辛万苦到达黔东南地区，经过在原生聚落初步繁衍之后，遂按照五大宗族支系分散定居，“一支住方先，一支住方尼，一支住者雄，一支住希陇，一支住春整”（田兵，1997）。尽管具体的地点有所不同，但过程与方式基本相同。这一过程正是由东部远距离迁徙至本地区的数个据点（原生聚落），经代际繁衍后再逐渐扩散到其他的分支聚落（次生聚落）的过程。

此外，还有土地肥力下降，以及旱灾、水灾等自然灾害的因素影响，使得“原生聚落”中的部分人采取了迁走、异地建寨的行动。如由台江县台盘、排羊地区歌师ghet gad ghetkod和wuk yut wuknax吟唱，王秀盈整理编译的《焚巾曲》记述了居住于该地区的苗族知悉经由“（东方）平坦无垠的老家乡——跛山寨、日出坡——榕江——（沿翁水河而上）——登鲁寨、交皮寨——台江、台拱寨——当前村寨”的顺序迁徙定居，其中，从该歌中还可以看出该村寨的祖先曾在日出坡、跛山寨、榕江等地都定居过，但都因种种原因继续举寨迁徙或四散迁徙，如跛山寨原本是一处土地肥沃的居所，但经过多年耕作后土地肥力下降，不能继续支持族群生存，“跛山寨是榜奶[1]的地方，榜奶逃官兵，逃到跛山寨。开荒种南瓜，瓜结堆满坡。妈住跛山寨，住呀住久了，日久土瘠薄，

[1] 榜奶是传说中的苗族先人之一。

庄稼长不好”（中国民研会贵州分会，等，1982：88-108），因而选择了举族搬迁。再如榕江，榕江是黔东南地区少有的大河谷田坝[1]，耕作条件优越，是多数苗族古歌都会提到的一处中继点，“榕江好平坝，平坦好跑马。好水潭打鱼，地方好生活。先人老祖辈，先人逃官兵，逃到榕江东，住在榕江东，开荒种南瓜，瓜结堆满山”，但是后期却因为洪水泛滥的原因，使得人们不得不在高地另寻聚居地，“榕江好地方，坝子空自好，河涨水浪打，村庄不像样，妈妈迈脚步，抬脚上高坡”（中国民研会贵州分会，等，1982：88-108）。

必须指出的是，这种出于内在动力而进行的搬迁往往也意味着往山地的深处迁徙。因为随着人口的繁衍，海拔较低的浅山地区，尤其是河谷坝子地带，往往早已经有人定居。欲另寻居址，通常只有往山地的深处、更高海拔地区方向去寻找。这也是越高海拔地区的村寨，其建寨历史往往越短的原因。

4.2.4　迁徙与定居背景下的聚落空间分布历史演变

此前我们通过民族志材料与官方地方志的材料，大体建构了雷公山地区苗族先民迁徙与定居的进程。接下来，本研究将考察雷山县村寨在不同历史阶段的分布情况，以此来与前述的定居过程相比对并加以验证，进一步从空间角度阐述这一过程。

关于村落的始建年代，从地方民族志材料中仍然能够找到不少线索。苗族文化存在十分突出的“祖先崇拜”情节，注重宗支关系，尽管没有书本记载的历史，但却往往通过口口相传的方式，由村中的长者记忆并传播本寨族群支系的源流情况。同时，在本地区大部分苗族村寨中，往往采用“父子连名”方式取名，因此，可以通过“字辈”的方式复原村寨族谱，进而了解到村寨的建寨历史。本研究在田野调查的基础上，结合吴玉贵主编的《走进雷山苗族古村落》等民族

[1] 当前榕江大坝子主要居住的是侗族和汉族。关于苗族从榕江大坝迁出的原因，还有文本认为是通过战争被驱赶。另有侗族文本认为一开始便是侗族定居于榕江大坝，而苗族始终选择“山上”定居。

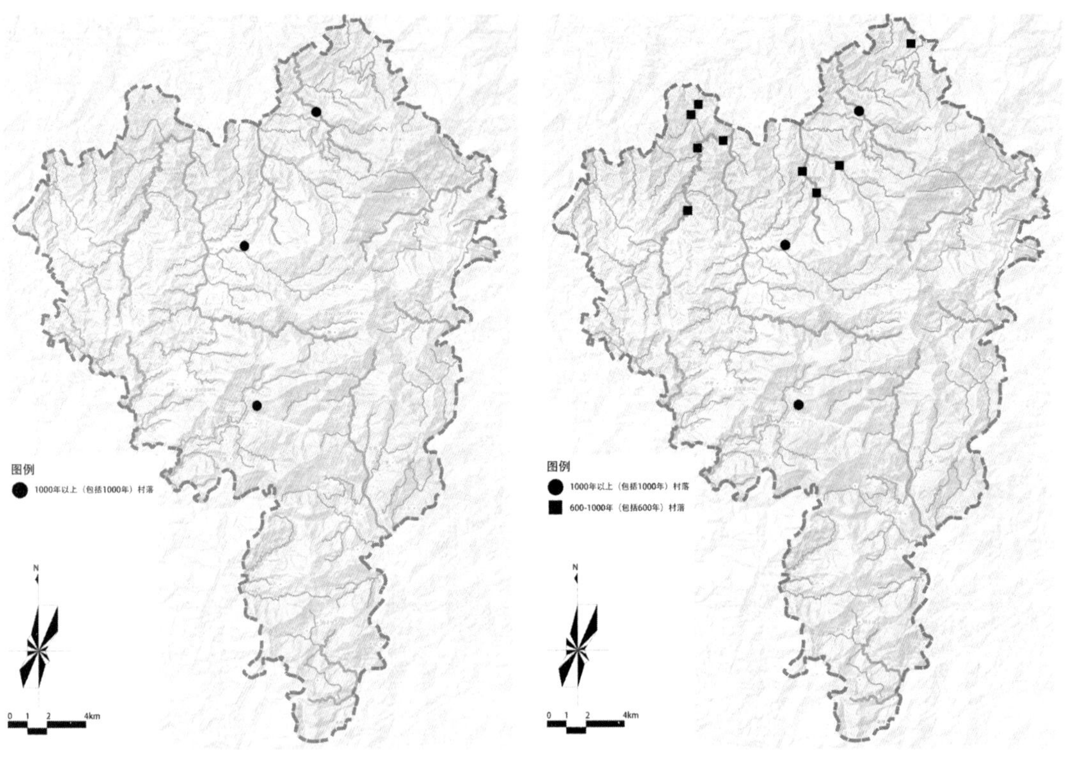

图4-6 雷山县部分苗族聚落建寨时间
（左：1000年前；右：约600年前）
（来源：根据民族志文本等材料绘制）

志文本作为推定村寨年代的基本材料[1]，参照该县申报传统村落的相关资料，并将其与现存的古歌等文本进行比对，初步推定查证70余个自然村寨的建寨历史年代。同时，将其按距今1000年前（最早定居的一批村寨），距今600年前（至唐宋时期已经定居的村寨），距今300年前（至清开辟“生界”之前已经定居的村寨），以及近代以前（主要为清朝，受开辟“生界”影响，以及后期人口压力增大之后新的定居村寨）绘制于地形图中，形成如图4-6、图4-7所示的空间分布历史演变图。

限于资料的原因，有充分证据证明建于1000年前的聚落较少，结合建于600年前的聚落（图4-6）同时考察，其中不少聚落在苗族古歌中也屡有提及，基本属于“原生聚落”的范畴。所选居住点都位于发源于雷公山的各条河流的中下游地带，或支流与干流的交汇地，一般都有一定的河谷平坝，

[1] 该书由当地多位苗族学者在对该县101个苗族村寨的历史、文化、经济、社会等情况进行采访的基础上，形成村寨的概述介绍。

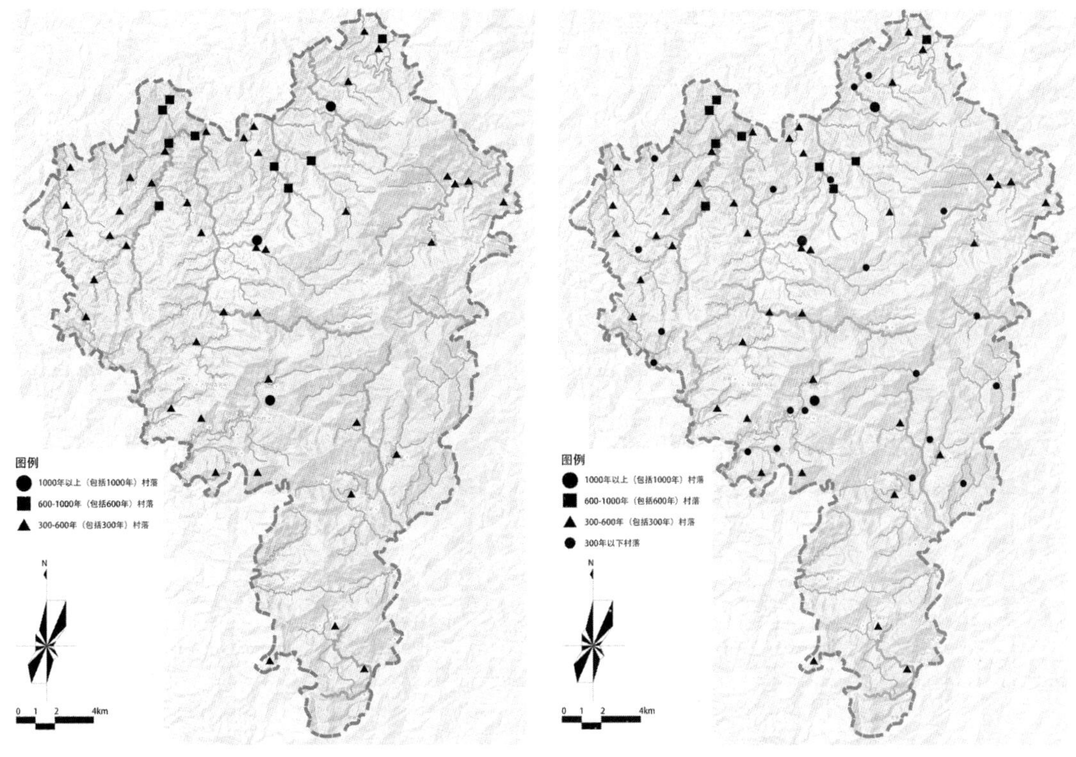

图4-7　雷山县部分苗族聚落建寨时间
（左：300年前；右：近代以前）
（来源：根据民族志文本等材料绘制）

海拔也基本处于700～1000米之间，属于雷公山地区较为理想的农耕地点，证明苗族先民在最初进行选址的时候，是以耕作条件作为最主要的考量的。

随后，在人口繁衍超过原生聚落的可供养数量，尤其是在清朝开辟“生界”、占据部分河流下游河谷平坝地带、挤占苗族生存空间之后，大量的次生聚落开始产生（图4-7）。相比原生聚落，这些新建立的苗族聚落一般有三类：一是在原生聚落周围，坝子周边的山上选址营建；二是溯河而上，或者进入各支流，选择更高海拔的地点作为居所；三是选择河谷下游较为陡峭河谷地带的山腰或山顶居住。这些聚落，海拔普遍更高，最高的达到1300余米，聚落周边可供耕作的用地极为有限，往往是陡坡地。同时，这一批聚落选址往往更为险峻，更加难以到达。从空间而言，这很好地回应了前述迁徙的原因。

4.3 与山地稻耕农业生计模式相适应的聚落空间营建

苗族先民在不断的迁徙过程中，针对不同的地理与自然条件，必须形成不同的具有适应性的生产生活方式，以求得生存与繁衍，这也即是所谓“生计模式”。不同的生计模式同时又需要以不同的聚落空间作为基础，因此其聚落空间也体现出不同的特色。针对山地这一生存压力愈加明显的地区，他们经过不断地调整与适应，形成了以山地稻耕农业为核心的生计模式，相对应地，也形成了具备突出“山地生存适应性”的聚落空间格局。

4.3.1 生计模式的变迁：平原稻耕农业—山地刀耕火种—山地稻耕农业

据前面论述，学界普遍认为苗族祖先在进入西南地区大山之前，在位于洞庭湖、鄱阳湖周边的长江中游河网平原地带定居了较长一段时间。长江中游正是我国古代水稻起源的地区之一，其地形地貌与自然资源为稻作文化的产生提供了土壤。大部分苗族古歌记载，苗族先祖在居住于河网平原之时，已经形成了一整套的平原稻作农业生计模式。

苗族一支还居住于平原地带时，发展了较为成熟的水耕稻作体系。流传于川滇黔交界地区的一首“苗族古歌”中第四章为“教人耕种五谷的怎干老（在其他版本古歌里也有翻译为则噶老等）”，里面记述到：“怎干老教导人们耕种，怎干老教导子孙做工。他赶着水牛把田耕，先耕一坵大田在河边，再耕一坵长田在平原。他放下大水来灌田，也放下大水来浸地……怎干老又牵着黄牛去犁旱地，把旱地犁得像筛子一样平；怎干老又赶着水牛去耙水田，把水田耙得像簸箕一样平。怎干老牵着马去驼种子，在旱地里点上了高粱，在水田里种下了稻秧。把大麦小麦撒在大地上，怎干老种出的庄稼很丰盛，像野草一样长得很健旺……那些高粱比人还高，那些稻谷打齐腰，怎干老的庄稼遍地金黄，怎干老的粮食堆满了仓，怎干老用粮食来煮酒”（苗族文学史编写组，1959c：107–108）。而在此之后，因为由“北方来”的强敌入侵，怎干老只能带着全族往西往南迁徙，直至大山之中。

另一首苗族古歌记述了相似的过程，苗族先祖之一的“爷觉力唐”，带着苗族群众，在原平原坝子居住地“安一史勒”，带着大家一块开水田、引水、耕作，“呼唤大家从事开田，领着大家一块开土……引来清清的沟水，清清的沟水淌进水田，浇灌爷觉力唐的平坝田。爷觉力唐的水田啊，是平平的坝子，清亮亮的田水啊，养育着秧苗……引来了清清的水，灌溉了平平的田坝，清水养育着蚕豆豌豆，养育着田坝各种谷粮……养着爷觉力唐的后辈子孙，子子孙孙一代跟一代接下来”（苗族文学史编写组，1959c：86–95）。过了不知多久，这片肥沃田地引来了“沙召觉地望”[1]的垂涎，凭借其强壮的实力，最终占据了这片土地。而爷觉力唐只有带领族人迁徙，迁徙过程饱含着丧失家园的悲痛“爷觉力唐回头看，安一史勒地啊，一块一块的土地，一排一排的长腰田，齐齐整整的，一层一层的阁楼，雄伟而壮丽，看了使爷觉力唐的心溃烂。”“爷觉力唐心里很难过，水田啊，粮食啊，多么香甜，多么辛酸。大湖东边熏得昏沉沉。老孺妇幼觉得很可惜，田地啊，粮食啊，多么香甜的美味，熏得大湖东边也黑暗了。老孺妇幼们，蒙着眼睛放声大哭，爷觉力唐在前引路，老孺妇幼在后面跟着走”（苗族文学史编写组，1959c：86–95）。在经过另外两个部落（史彼居自老、嘎梭居自老）并短暂借住之后，因为还是担心沙召觉地望的追袭，爷觉力唐最终选择带领部族进入深山密林中居住。新的居住地位于“卯嘎直”地的高坡密林中，“力阿那”河的陡岩之上，“力阿那河啊，都是深山大森林，是老虎豹子穴居的地方；那条力阿那河啊，高山森林实在多，尽是猛兽麂子出没的地方。爷觉力唐请求

[1] 亦有说法为“格炎望自老”，有学者解释为炎帝或黄帝，也有学者将其笼统解释为古汉族。

道：让爷觉力唐住在深山里，住在力阿那河岩边”（苗族文学史编写组，1959c：86–95）。

迁徙到山地之后，部分能够定居于河谷坝子地带的苗族，还能继续维持以水稻耕种为核心的生计方式。但部分位于高山之中、缺乏平地进行耕作的苗族，则只能回复到“刀耕火种”的原始生计模式，“烈日当头晒，树木荆棘干枯了，居诗老放火烧，烧野火烧出火地来。居诗老把火地做成沟畦，分成三段来栽种。下一畦地种植蔴，中间畦地栽黄瓜，上一畦地种小米。下畦蔴叶生得粗，中畦黄瓜藤藤长，上畦小米穗儿沉”（苗族文学史编写组，1959c：38）。

这在汉语文献中也有记载，如清朝时，“苗人聚种而居……火种刀耕，其生性之蛮野洵非政教所可及。”[1]直到民国时期，雷公山区部分高寒山区的村寨仍然在少量的稻作农业之外，采取刀耕火种的方式以弥补水稻耕作收成的不足，“人挖地、脚踩田，人拉犁。刀耕火种，赶山吃饭，种一坡，收一箩的落后状态”（雷山县志编纂委员会，1992：110）。

刀耕火种尽管是山地地区的一种原始自然生计模式，但由于其土地利用效率低下，需要用较大的面积养活较少的人口，并且容易对当地自然生态造成严重影响，从而威胁当地人的生存。因此，刀耕火种方式一般只是在苗族刚刚进入一片山地，并且人口压力并不大，周边山地具备较高的生态承载力之时能够实施。随着人口的不断增多，也随着技术（水利建设、梯田修建、适宜稻种选育）的不断发展，大部分苗族聚落掌握了在高山种植水稻的技术，使稻耕农业能够适应于山地地区，从而形成了具备特色的山地稻作文化，并以此为核心进行聚落空间格局的构建与调整，形成了包括“选址–营建–调适”在内的一整套聚落空间营建模式。

4.3.2 聚落空间选址：察山观水、考量土地

选址是聚落营建的第一个步骤，是奠定其人居格局的最

[1] [清] 徐家干. 苗疆闻见录 [M]. 古籍影印本. 黄加服，段志洪，编. 中国地方志集成·贵州府县志辑（19）. 成都：巴蜀书社，2006：602.

基本因素。聚落选址必须首先考虑人的生存适应性问题，“一方水土能养活一方人”是对各项选址条件最为基本的需求。对于稻耕民族而言，选址的核心问题在于寻求合适的可栽种水稻的土地，并且在此基础上，尽可能地避免水灾等自然灾害影响。

众多流传于苗族地区的古歌与故事表明，对于聚落的选址，苗族先民十分慎重。对聚落的营建开始于对选址周边山形水势的踏勘，考察是否有足够适于耕作的土地，然后在此基础上顺应山水格局，对林地、水田、村庄的布局进行大致的谋划。稍加总结，苗族聚落选址有如下四大考量：

第一，安全。出于其艰辛的历史迁徙过程，苗族对这一点尤为看重，甚至由此放弃部分交通与耕作的便利。大部分苗寨选址位于山腰乃至山脊、悬崖，居高临下，易守难攻，便于退守。“苗人的聚落叫寨，多靠山傍水而筑，其形式不一……苗寨的分布多不在交通要道，常在山谷深处，只有小径可通”（凌纯声等，2003[1947]：34）。同时，充分确保聚落有充分的耕作空间，保证聚落的生存需要。建寨传说中也能体现出这一考量，尤其是在乱世之时，如大塘排里苗寨，寨中流传其建寨祖先原本定居于下游，溯河打鱼至此，发现“大山绵延数里，森林茂盛，杉木参天，又有悬崖绝壁作为屏障”（吴玉贵，2010：165），因而认定该地会很少受外界干扰，可以免于战乱纷争，因而率家人定居于此。

第二，水源。雷公山地区由于独特的水文地质条件与植被条件，形成了丰富的、流向多变的小型地表径流与较为稳定的浅表型地下含水层（王红等，2006），这也是苗族谚语“山有多高、水有多高”的由来，小溪、水井等能为聚落的生产生活提供必要的用水，这也是山坡之上能够营建聚落的必要基础。因此，在山坡之上寻找到稳定的水源同样是聚落选址中的核心考量，考察雷公山地区苗族村寨的建寨传说中，可以发现浮萍、芦苇等水生植物往往起到重要的标示作用。

如当地村民的传说中的也牛、平祥、开觉等村寨的选址过程，往往是放牛或打猎进入山林深处，牛或猎狗回来后发现“沾满了浮萍”，因而人们认为该地有水，能够“五谷丰收”，于是在该地营建新的聚落（麻勇斌，2011；吴玉贵，2010：77，96，234）。而龙塘苗寨，据说其原名为“六塘”，即建寨伊始首先依托水势建了“六口大塘”（吴玉贵，2010：80）。由此，可见水源对于村寨选址的重要作用。

第三，耕地。在古歌中，因为土地贫瘠，不堪养育人口的原因而迁徙的情况比比皆是，由此，他们在后期选择聚落之时，对于土地也高度重视，“日出坡贫瘠，从前的老人，来住过，没有水煮饭，没有菜来炒，祖先才离开，迈步高山走”（中国民研会贵州分会，等，1982：88-108）。

此外，对于山地而言，必须考虑海拔在选址中的重要作用。考察雷山地区的所有苗寨，尽管都位于群山峻岭之中，但海拔1300～1400米构成了一个自然形成的屏障，几乎没有聚落位于高于此海拔的山地。通过当地民族志文本以及地方志记载，在20世纪早期还有部分以“刀耕火种”地为主要生计模式的苗族聚落定居于更高海拔的山地，但一旦形成稻耕农业的生计模式之后，其聚落必须下退到1400米海拔高度，这是由生计模式的核心——稻耕农业的特性所决定的。据当地苗族老人介绍（此外，多处苗族民族志也提及），苗族先民曾经在一处名为“雷公坪”的山间平地择址定居，该地位于雷公山顶峰北部，海拔约1850米，四周高山环峙，易守难攻；同时有一处超过400亩的平坝可供开垦，另有小溪可供灌溉，照理说是理想的居所。但是，经过短暂的定居（或者是短暂的躲避战乱）之后，苗族先民却最终放弃了这一片土地。原因主要在于该地海拔过高，灌溉用的溪水温度过低，因而水稻并不能获得理想的收成。

4.3.3 聚落空间营建：理水营田、安家立寨

雷公山区自然条件十分险恶，定居其中求得生存有很大的难度，因而，聚落空间营建的工作需围绕构建“生存空间”的核心而进行。其中，最首要的并非是营建遮风避雨的住房，而是将原始山地自然改造为能提供食物的耕作用地。而山地特殊的自然条件，对营建田地提出最大的挑战来自水源与坡度。由是，聚落空间营建的顺序便成了先农田水利、后村庄住居。

这在很多苗族古歌中得以体现，如流传于台江、雷山一带的《焚巾曲》中，往往会程序式地回顾逝者（妈妈）的一生，这往往成为民族记忆中对于家园营建的抽象，它是这样记述的：“山岭永存在，人生是过客。……妈开辟田坝，妈建房盖屋，妈绣花织布，妈栽种五谷”（中国民研会贵州分会，等，1982：121），这是对当地民众求得生存所做的生计的高度概括。

具体而言，开辟田地需要首先土地平整，“填补东边的田坎，岩石垫基脚”，其次形成水田（水塘），并想方设法使田地肥沃，“钉耙刨细沙，挑沙石铺底，挑来黑肥泥，砌成个水塘。开成大坝田，尽是大水田，大坝山弯田，坝田好养鱼”，当水田开辟成功之后，才进行播种、收获等工作，“妈开成个塘（水田），坝子田泥肥，肥泥深齐膝，塘泥黑泡松。育秧苗儿壮，扯秧去栽种。到时去薅种，谷子黄沉沉，妈妈去收割，收藏入谷仓”（中国民研会贵州分会，等，1982：121—125）。

流传于从江县加勉苗寨的古歌《年祖宗》，描述了祖宗经过长途跋涉，经过高山深河，遇到陡壁高山无路可走，开山前行，最终到位于“陡壁悬崖”之后，外界势力很难到达的“秀随”[1]定居下来的经过。“秀随”十分偏远，同时土地坡度极大，本不适于开展农业耕作，但“公去修水利，修水利来灌溉田，水利修好了，水在淌着，声音潺潺地响。公把田埂

[1]“秀随”位于今加勉寨南3华里，现虽无人居住，但仍存众多稻田与旱地，根据该古歌中对其尊为祖先，以及结合苗族村寨时常搬迁的现实情况，可能在古歌记述故事时点之后，秀随寨的村民又搬迁至加勉寨。

修起来，田的四周都修好了梗”（国家民委《民族问题五种丛书》贵州省编辑组，等，2009：99-105），当水利、田地营建完毕之后，“公”才可以松一口气，也意味着聚落空间营建中最重要的一部分才告一段落，之后才开始修建永久的住房等。

雷公山地区几乎全为山地，仅有少量的河谷小平坝（当地称坝子田）或沿河两岸的水冲台地（当地称山冲田或水冲田），其余多为山梯田。“苗人受土地的限制，因而要到处利用土地。致使苗疆之中，无寸土荒芜。稍平之地，辟为水田。自山麓以至山腰，筑为梯田。略高山坡，开垦畲田。不宜种谷的山地，则种植桐、茶、杉等树”（凌纯声等，2003[1947]：41）。

在理水营田方面，对于少许的河谷平坝，只需将河水或溪水由上游合适处引出，经水渠引至田坝即可。而对于多数的梯田地区，这一过程则更复杂，工程量也大得多。首先，需要先选择有水源的山坡，察看山势，悉心规划水渠、水塘位置，使其能灌溉全部的梯田，并且还需迟缓水势，以免水头过大冲毁田埂；其次开始挖土或垒石作塍，一级级顺山坡而上，形成梯田的雏形；最后经过夯实田内基土、铺入肥泥等工序之后，方可开始耕作。同时，还需年年对梯田详加维护，以防止田塍垮塌。雷公山腹地的开屯苗寨有数百年的梯田营建史，村寨坐落于千亩梯田之中，在长期的实践中，他们总结出了梯田营建的四要素和三禁忌，很具代表性。四要素是“一宜顺山，不宜破山；二填方和挖方要平衡；三要保持水平；四要重视砌筑堡坎”，三忌是“一不要挖断主山脊；二围山造田，不能把山全部挖平；三不能堵死溶岩洞口”（吴玉贵，2010：226），这可视为苗族先民在梯田营建中形成的宝贵经验。

同时，针对某些高于水源，难以通过水渠灌溉的田地，苗族先民早在清之前即已掌握了水车灌溉的记忆，清朝徐家干《苗疆闻见录》记载：“苗有取水器曰连筒，以大竹为之，按笋斗合，随山势上下吸取涧水，可逆流至数十丈”[1]。

在田地形成，满足了族群吃饭这一最基本的生存需求之后，苗族先祖开始营建民居，形成村落，这也是时至近年，当地新建或修缮房屋往往利用冬季农闲时期的原因。为适应山势，苗族民居普遍采取吊脚楼形式，同时建筑材料也采用当地常见的杉木，其营建过程往往经过“择基、备料、发墨、立房、上梁”等程序。房屋普遍建于山腰之上，并沿山脊或鞍部层叠向上，形成蔚为壮观的民居群落。通常，一村会于村中稍平旷处用石块铺砌形成一小型广场，作为全村集会之处。在民国之前，由于战乱多发，多数村寨还会设置寨墙、寨门等，以加强村寨的防卫。

4.3.4 聚落空间调适：蓄积山林、分设新寨等

聚落形成之后，村民开始在这一空间框架下生产生活，这是一个不断适应自然，并适当地改造自然的过程。在这一漫长过程中，随着人口的增长，或者因为某些过度利用行为出现，有可能出现人对自然的利用超过了生态容量的情况，对系统平衡造成了影响，这些行为往往招致自然的惩罚，对聚落的生存造成影响。如果不以合适的方式加以调整适应，往往会造成严重的后果。在失衡—调适的过程中，聚落民众也会不断吸取教训，对人类活动与聚落空间进行调整，使人类活动更加适应自然规律，而聚落的空间结构也更加合理可持续。

其中，位于聚落上方的树林构成了聚落空间格局中的重要组成部分，对于树林的认识与利用，很好地体现了“调适”这一过程。如前述所言，雷公山地区中浅山区富含丰富的小规模地表径流以及浅表地下水，但山地地表水与浅表地下水的特点是很不稳定，“一遇雨水稍缺，山水来源断绝，则无法灌溉，易成旱灾……（又）常因山水暴涨，易于冲塌梯田，破坏田身”（凌纯声等，2003[1947]：40）。其中，山顶山麓的树

[1] [清] 徐家干. 苗疆闻见录 [M]. 古籍影印本. 黄加服，段志洪，编. 中国地方志集成·贵州府县志辑（19）. 成都：巴蜀书社，2006：602.

林对于调蓄径流、涵蓄地下水起到至关重要的作用。树林茂盛，则水源充足，且不易受到山洪暴涨、泥石流来袭等影响。一旦树林遭到破坏，其下的村庄则动辄会受到旱涝影响。山地苗族聚落对于山顶树林的认识也经历了一个过程，如位于陶尧河中游的白岩村，在先民迁居该地后，首先通过梯田的营建，满足了人们生活的基本需求。但随着人口繁衍，寨中一些人开始对村落上方的林地进行“刀耕火种”式的开垦耕作，“不是去开垦田地，而是上到寨上片片山脊去，砍倒茂密树林，放火烧荒种植小米”，在短短几年的收获之后，村庄以上的树林已不复存在，随之而来的是“不断的干旱，原本汩汩流淌的清泉水越来越少，人畜断水，寨下稻田干枯”（吴文贵，2010：17）。村中寨老紧急召集全村商议，定下榔规，严禁砍伐寨上的树林之后，聚落才又恢复了活力。直至今日，每个苗族聚落上方，必定保留郁郁葱葱的树林，并将其视为“风水林”、“保寨林”等严加保护。

此外，村寨后方郁郁葱葱的山林，也会成为很多动植物生长的家园。不仅诸多植物可供采集食用，更有部分草木能对治病救人起到特定功效，在苗族医药里扮演重要的角色。在维系族群平衡的基础上，某些种类的动物还往往成为苗族村民狩猎的对象，成为当地村民能量与蛋白质的来源之一。这在过去农耕生产力较为低下的年代，尤其是灾荒年间显得十分重要。

同时，为应对人口增长过多超过当地土地与生态承载力的情况，当地民众还会通过“分寨”等方式，自发减轻对聚落生态系统带来的影响。在聚落数百年的发展史中，往往出现寨中的某一支系举家迁徙至另一地点，营建居所的情况。这也是空间“调适”的一种重要体现，在前面已有论述。

部分苗族聚落为防范火灾，或尽量减轻其影响，在村寨内设置了“防火水塘”，或将粮仓集中置于村外，甚至将其架于水塘之外（如大塘乡新桥苗寨）等，这些都是聚落空间在应对各项挑战中主动做出的调适。

4.3.5　“山—水—林—田—村”整体空间格局的理想山地聚落

人们都有自己心目中的理想家园，对于历经迁徙选择在雷公山地区的山地中定居的苗族而言，一个适应山地地形与自然、并满足其水稻耕种的基本生计模式的聚落空间才是苗族同胞中理想的生存家园。在苗族古歌等民族志材料中，一再出现了对如此聚落空间的描述。如青年小伙自豪地向自己心仪的姑娘介绍自己的村寨：“我们寨子是个好地方，寨脚净大田，田里鱼挤满。山冲好水田，浮萍满田漂，田里好浮萍，喂猪长得快。我们寨子是个好地方，寨子背后好山梁，有树木护寨。寨子凉悠悠，住房是吊脚楼”（中国民研会贵州分会，等，1982：37-38）。可以看出，其“理想家园”的核心要素是“田”，并且聚落以此形成的“山—水—林—田—村”空间整体格局为其“安居乐业”提供了保障。而这正是在前述选址、营建、调适等一系列过程中，需要不断追求的。

由此，我们可将此聚落空间，抽象为“山—水—田—林—村”的整体空间格局。在这一格局中，连绵山峰环绕村落，为人的居住提供庇护；河流在村前田间流淌，以供饮用，并方便田地灌溉；田地充分利用河谷平地，为人提供最为基础的食品保障；树林覆盖山地，以维系生态，同时保护村寨免受泥石流等自然灾害影响；同时，苗族还因为特殊的历史原因，其聚落主要位于山腰、山脊或高山谷地等位置，与位于山脚具有一定数量的平坝田的情况不同。但是在基本空间格局的框架下，经过对山地地形与自然进行巧妙的调整与处理，使其同样适用于更多的聚居地。

4.4　陶尧河流域的苗族聚落案例

陶尧河流域的一系列苗族聚落是雷公山地区的典型案例。

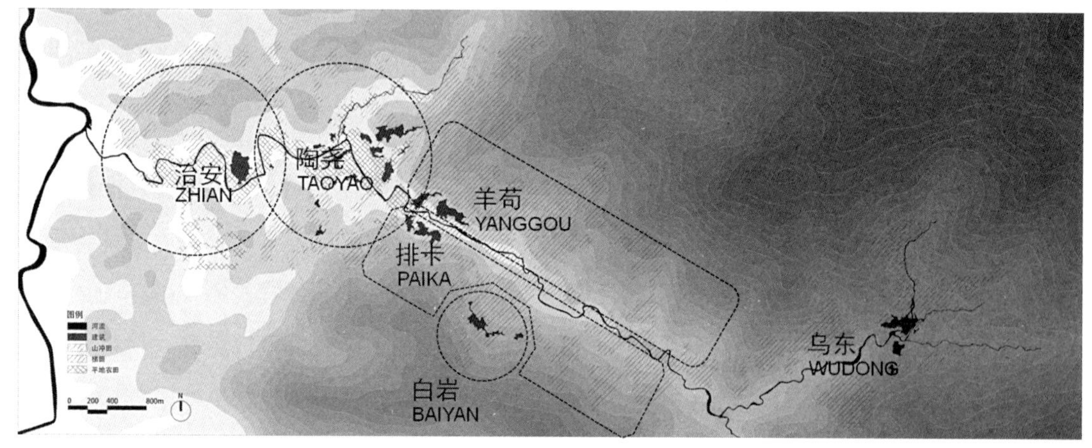

图4-8 陶尧河流域聚落及其耕作范围示意图
（来源：笔者自绘）

陶尧河全长约20公里，沿途共有治安、陶尧（包括虎阳、干皎）、羊苟、排卡、白岩、乌东等聚落，各聚落地形差异明显、建寨时间先后有别，聚落空间具有各自特点。

4.4.1 陶尧河河谷整体情况

陶尧河是清水江水系巴拉河的支流，发源于雷公山主峰附近，于县城汇入巴拉河，全长10余公里。从发源处的海拔1500米左右，到与巴拉河交汇口处的800米左右，落差接近700米。陶尧河虽短，却具备多种地形，可初步将其分为上段高山溪谷、中段下陷深谷、下段冲积坝子三段。

上段为高山溪谷，从雷公山深处发源的三条小溪，分别沿山体间纵沟下行，至海拔1300米附近，地形稍平缓，形成指状交汇的三条高山溪谷。乌东村即位于此三条溪流交汇处。

中段为下陷深谷，乌东村三条溪水交汇处下不远即是一瀑布，由此往下，直至羊苟、排卡西侧山口处，海拔由1300米降至880米左右，两侧高山耸峙，河谷深陷，水流湍急，几无平地。白岩村即位于该段河谷的中部，位于山腰部位，海拔高于河流约150米。

下段为冲积坝子，陶尧河从羊苟、排卡山口冲出后，周围山体突显开朗，并最终在现在县城处汇入海拔约800米的巴拉河。由于在这一段河床变宽，水流突然趋缓，于是沿河冲积出一条长约1000米，宽约200～300米的河谷平坝，其中在河流转折处，尤其是刚出山口处和中部，形成了两处稍大的坝子。沿陶尧河刚出山口处的田坝共形成了大小九个自然村寨（当地统称为陶尧，含陶尧、虎阳、干皎3个行政村）；在下游约1公里处的田坝中，则存在另一聚落，名为治安。

4.4.2 “安屯设堡”时期设立的治安堡

当前，治安村是一个汉族聚居村落，但清朝以前却是最早的苗族聚落之一。雍正乾隆时期，雷公山“新开六疆”的部分苗民起义反抗清王朝统治，陶尧地区是主战场之一，《清实录》等对此亦有记录。在陶尧的战争十分激烈，最终清军获胜，而原本数千人的陶尧聚落，不少人战死，另有不少人外迁，几近全毁。在继续带兵剿抚的基础上，为了夯实统治基础，以期达到长治久安，时任贵州巡抚张广泗上疏“开屯设堡”，获准。在原苗族聚落陶尧的原址（当时原名阳王寨），兴建了作为清朝统治据点的治安堡（当时设立的丹江厅12堡之一）。派驻屯兵，占据了陶尧田坝中最为精华的部分，“以坝中河为界，河西全部由屯兵耕作，苗人不能越界”（吴文贵，2010：17）。经过数百年的发展，治安堡也形成了有数百户居民居住耕作的汉族聚落。到后期，民族之间的藩篱也逐渐消融。

从陶尧河流域的层面来看，该聚落位于陶尧河下游冲积平坝的中部，扼守陶尧河流域进入县城的咽喉位置。一旦控制处此地，即守住了陶尧河流域以上的所有苗族村寨进出的交通要道，战略位置突出，这也是清朝选此设立“屯堡”的首要原因。

从治安堡聚落的层面来看，其空间呈现出典型的“山—水—林—田—村”的基本结构。四周群山环卫，尤其是北边山体尤为险峻，形成天然屏障；河流蜿蜒流过，沿河形成较为平坦的冲积坝子，是进行水稻耕作的理想之地；村落则位于河流北岸山脚地带，坐落在一处突出于河坝之中的较平缓

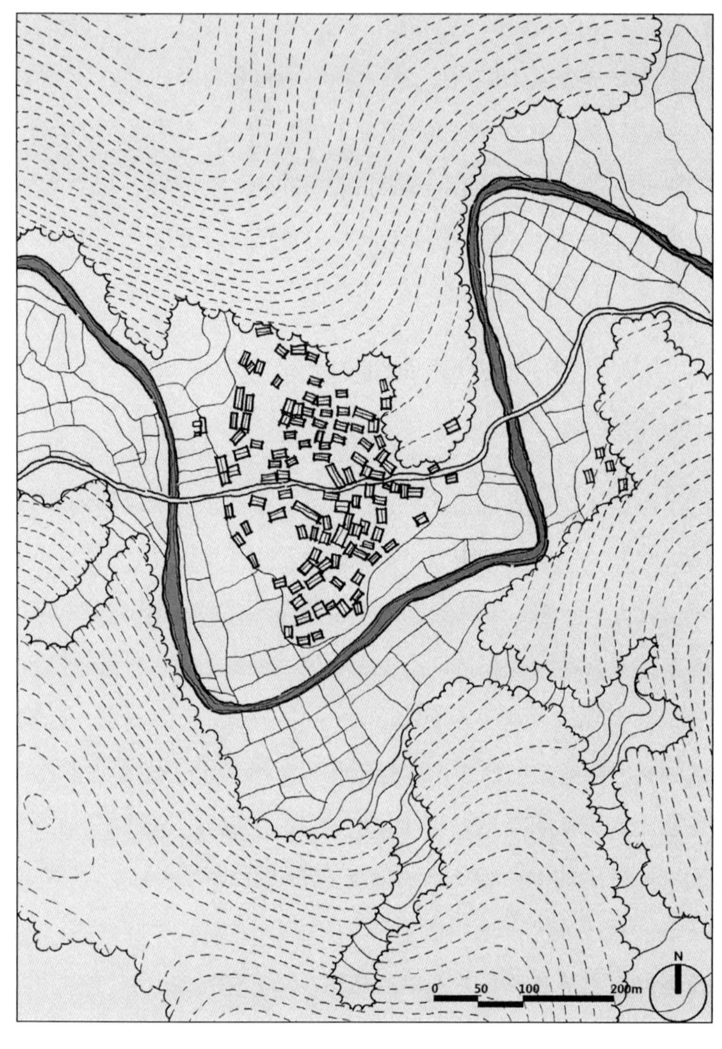

图4-9 治安堡平面图
（来源：笔者自绘）

山坡台地之上，旧时还有寨墙加以围护；后山森林茂密，植被繁盛，使房屋免受泥石流等自然灾害影响，并且为村庄保障充足的地下水资源。

值得注意的是，该聚落与此前笔者研究的白水河流域的布依聚落以及位于河谷的侗族聚落在聚落整体空间结构上具有相类似的特点。

4.4.3 下游河谷坝子段的典型苗族聚落——陶尧九寨

陶尧是雷公山地区最为古老的苗族聚落（群）之一，据当地老人回溯当有1000余年历史。清乾隆年间“开屯设堡”

期间，陶尧曾遭受到重大的打击。田地大量被侵占，旧村址之一（阳王寨）被占作屯堡，而且人口也大量减少。安屯设堡之后，陶尧村的先民在原阳王寨东侧上游继续营建家园，并选择在坝子周边的山上营建村落，并随着人口增长，在周边山上开垦层层梯田。经数百年的不断经营，人口陆续繁衍、分化，至今又形成了包含3个行政村、9个自然村寨在内的大型苗族聚落群。

现陶尧聚落主要围绕一处呈弧形的数百亩田坝而建，陶尧河从山口冲出之后，在田坝中缓缓蜿蜒而行，为千亩田坝提供了充足的灌溉水源。四周高山环绕，林木茂盛，为陶尧聚落提供了天然的庇护。

9个自然村寨均位于环绕田坝的山中，高低错落。根据所处山的位置，又可分为3类：第一类包括干茗、干皎、干皎新寨、干也和干南则（图4-10中的1、7、8、2、5）五个自然寨，他们位于山脚地带，海拔多在830～900米，他们全都背山面田，最为接近平坝中水稻田的部分，耕种最为便利；第二类包括虎阳、果梅（图4-10中的9、6）两个自然寨，他们位于山腰地带，海拔在900～950米，其中虎阳寨沿山脊而上，而果梅寨则位于山窝地带，两者均充分利用山腰地势布置房屋，同时，他们还利用山势，在村寨两旁营建层层梯田，同样蔚为壮观；第三类包括干尧与雄水（图4-10中3和4），它们位于坝子的外围的一个山沟，该山沟中有一条小支流流入陶尧河，两村即沿该支流而建，均位于山腰地带，海拔为880米到950米不等。

河谷田坝、环绕的九个苗寨以及四周的山体、林地共同构成了陶尧的聚落整体，这也是单个聚落“山—水—林—田—村”空间格局，在一个较为封闭的地域繁衍、扩展、环绕而成的聚落群空间整体。

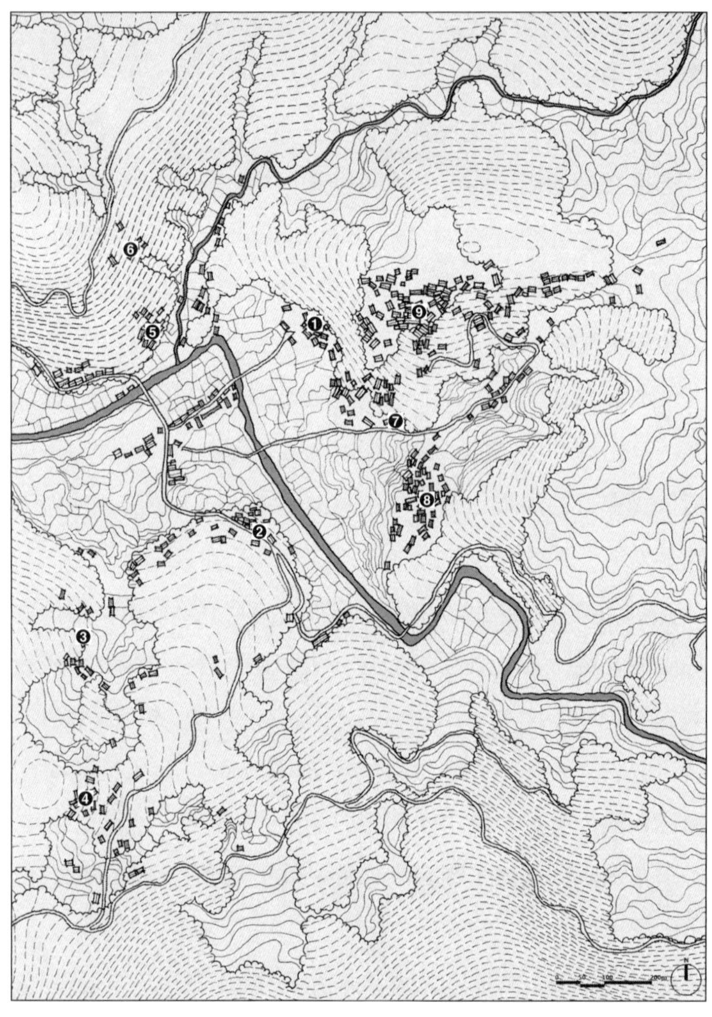

图4-10 陶尧地区（含9个自然寨）平面图
（来源：笔者自绘）

图4-11 陶尧坝子及周边苗寨照片
（来源：笔者自摄）

4.4.4 中游深谷段的典型苗族聚落——羊苟、排卡和白岩

羊苟和排卡位于中段河谷的西侧。在村民的口述中，羊苟是在“安屯设堡”时，由一位在陶尧阳王寨中定居的侗族青年，沿河向上游逃难时定居的（羊苟在苗语中是“侗寨”的意思，但其中村民的习俗、文化、语言等已苗族化，民族认定时也认定为苗族）。排卡的建寨时间不明，但也远远晚于陶尧大寨。

羊苟、排卡的村寨位于中段深谷地带的末端，扼守陶尧河进入坝子的山口，地势险峻，易守难攻，应当是由当年由下游迁徙进山之后的最近的居住点。两村以河为界，各自在陡峭的峡谷陡坡一侧营建层层梯田。随着人口不断增加，其梯田也不断沿着峡谷向上游拓展，梯田最远处离村寨有近5公里远。

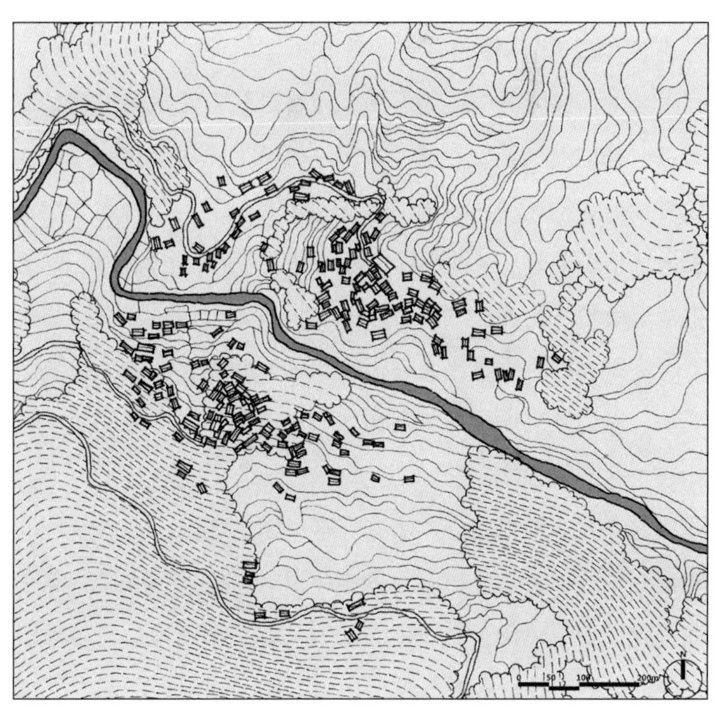

图4-12 羊苟与排卡苗寨平面图
（来源：笔者自绘）

白岩位于深谷段中部南侧山腰，坐南向北，是在深谷地带营建聚落的典型案例。村寨按海拔由高到低呈现出明确的空间垂直划分：由海拔1400米左右的山脊处直到民居之上，生长着郁郁葱葱的树林；而民居集中在海拔约1000米，且大体沿等高线水平扩展；梯田主要位于村寨下方，海拔由最高1100米左右，一直向下延伸至约900米的谷底河流。

白岩聚落营建最为核心的部分在于对梯田的精细经营。在上百年的时间中，村民一步步改造陡峭的坡地，每一爿水田进深往往不会超过3米，梯田之间高差则根据山势而变化，在几十厘米与数米之间。整个全村数千片的梯田，覆盖了超过200米高差的山体范围，层层叠叠。在营建梯田的同时，还得构建相适应的山地灌溉体系，通过将山顶树林中流出的水引入溪流及渠道，在适宜地段设置水塘以迟滞并缓冲水流，设置水平向的水渠与垂直向的水流控制调节设施，以及水田本身就作为储存、输送灌溉用水的载体。由此，水源、水塘、水渠、水田等共同作用，将平地上的稻田经过改造，构建出了"立体化"的山地稻田。

同时，梯田营建还与山林、村寨等紧密联系在一起。在山水构成的基本格局之下，保持并培育山顶形成茂密的杉、松树林，这是在这种地形和水文地质情况下，保持地表水与浅表地下水丰富，以供聚落人畜饮用与梯田灌溉的必然选择；村寨选址位于山腰地带，既保证聚落不受山洪暴发等威胁，同时能使水的利用更趋合理，由寨后树林中引出的山泉或山溪水，先经人畜饮用方为灌溉，而人畜使用后排出的污水还能成为梯田必需的肥料。

这一因地制宜、与平地空间原型相比加以改造、变型的陡坡地"山—水（塘）—林—（梯）田—村"空间系统，将平坝的稻田农耕适用于立体化的山地，解决了山地稻耕生计模式中最难的一步。在漫长的历史过程中，村民还不断对这一

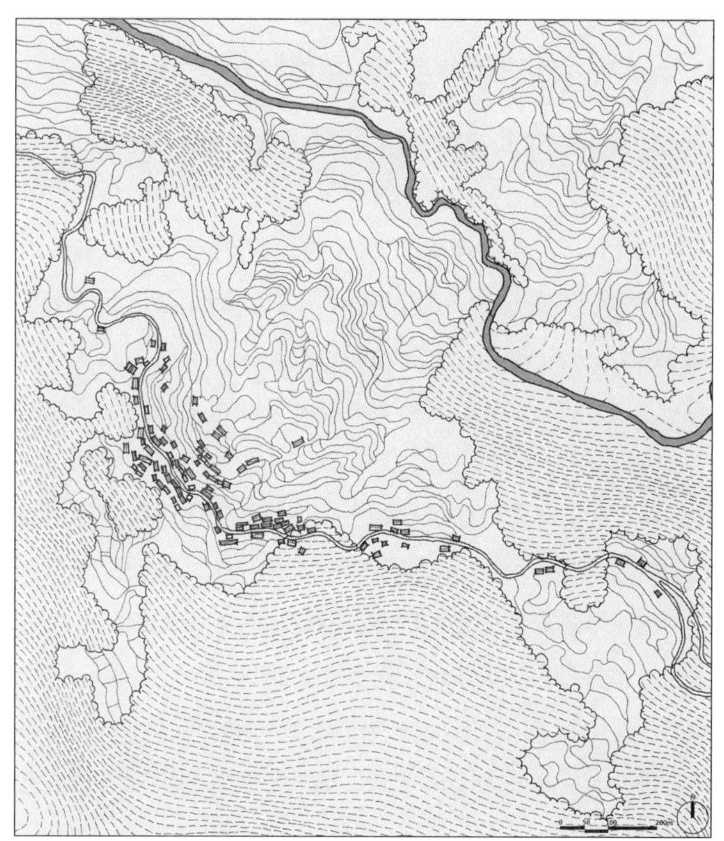

图4-13 白岩苗寨平面图
（来源：笔者自绘）

图4-14 白岩苗寨照片
（来源：笔者自摄）

系统进行调试，如前述对于后山树林的砍伐与保护等，最终形成了一套比较成熟的空间解决方案。这一空间格局整体可持续，体现了苗族民众在极为不利的地形条件下、面对生存压力的一种颇具技巧的解决方式，具备很高的传统生态文明智慧。

4.4.5 高山溪谷段的典型苗族聚落——乌东

乌东海拔1300余米，是雷山地区海拔最高的苗寨之一。其建寨历史较为短暂，根据对村民的采访，其中较为可靠的一种说法认为，乌东苗寨的先民为数次迁徙于此的，其中最早的一批为清朝雍正、乾隆年间，因躲避清军征讨而从山下沿河溯流而上来此定居（吴文贵，2010：6）。此后，几次战乱期间，以及灾荒之年，不断有躲避战乱与饥荒的苗民来此居住。因此，我们可以认为，乌东在开始之时并非理想的聚居地，在气候、地形等条件限制下，在当地定居，需要付出艰苦的努力。

乌东聚落营建的核心仍然是营建出足够的稻田以供生存之用，根据乌东三条小溪交汇的实际情况，当地民众创造性地沿小溪构建“山冲田”，解决了耕地问题。乌东全村海拔很高，地形首先被三条小溪切割，既缺乏大块的平坝，也缺乏相对比较平顺的坡地，因而不能采用“坝子田”和“梯田”的营建方式。但是发源于山中的三条小溪，到乌东村附近时水势稍有缓和，并冲刷出三条较宽的小溪谷。对这三条小溪水加以改造，顺流依次构筑相应的堡坎，则能将土留下，形成一级一级的位于山沟中的田地，同时，由于位于山沟中，溪水能够比较方便地加以灌溉，这即是“山冲田”得名的由来。这也是20世纪40年代学者记录的“*或于溪涧两岸，砌石作堤而成*”的作法（凌纯声等，2003［1947］：40）。

但是，“山冲田”也往往面临一些问题，如其普遍位于山沟，日照有限，再加上海拔较高，水温会较日照良好的坝子田与梯田低不少。另外，山冲田处于山沟，容易受到山洪暴发的影响等。针对水温较低的问题，乌东聚落在营建过程中，采取了选用抗寒的水稻品种，并在稻田上方砍伐少量树林、使林地与稻田加以区隔以增加日照。针对易受山洪冲毁的问题，采取了加强山顶的植被保护、在溪流上方通过水塘等方

图4-15 乌东苗寨及其“山冲田”
（来源：笔者自摄）

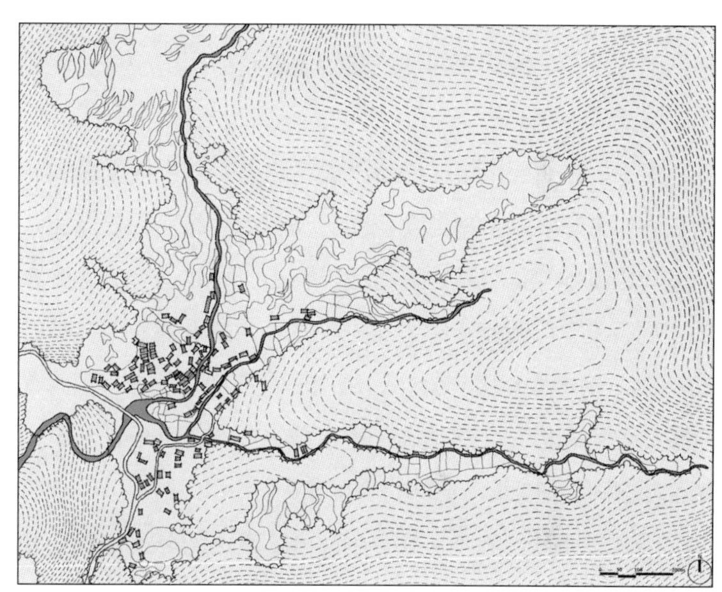

图4-16 乌东苗寨平面图
（来源：笔者自绘）

式来迟滞水流等加以应对。

经过数百年的营建，乌东逐渐形成了今天的聚落格局。三条小溪沿山沟逶迤而下，沿着高山溪谷营建出三条指状的稻田带，海拔1300米至1400米不等。三条小溪交汇于高山小谷地形成小水塘，大部分民居位于水塘北侧的山坡之上。四周森林茂盛，生态良好。

在乌东的聚落营建中，同样遵循了由稻耕农业所必需的“山—水—林—田—村”空间原型出发，适当加以改造，以使之适应当地由高山与小溪构成的“高山溪谷”基本地形，最终成为苗族在山地生存的重要聚落空间类型。

4.5 结论和讨论

本章根据苗族古歌访谈等民族志文本、聚落空间信息、少量地方志等官方文献记载等三方面的材料，对雷公山地区苗族聚落营建的历史过程及典型聚落进行了研究，主要发现有以下三点：

第一，在历次迁徙中，苗族逐渐从东部的平原地区进入到西南山地，在进入雷公山地区之后，又因为外来力量的驱赶以及自身繁衍发展的需要，逐渐由浅山地区的河谷平坝地带向河流上游、深山区迁徙，其聚落分布的历史演变过程也体现出相同的特点。

第二，在雷公山地区的苗族最终确立了以山地稻耕农业为核心的生计模式，并在聚落选址、营建、调适等多个环节，通过对山水地形的合理选择与适当改造、构建适应山地的农田水利设施、因地制宜营建民居与村落，注重蓄积山林等方式，形成了以“水田”为核心，“山—水—林—田—村”为有机整体的空间模式，这也进一步在文化中固化下来，形成该地区苗族同胞理想聚落空间的原型。

第三，通过对陶尧河数个典型聚落案例的分析，我们发现在前述聚落空间格局原型的基础上，深谷地区的苗族聚落注重山体垂直空间的特性，尤其通过陡坡梯田以及灌溉系统的营建，形成了立体化的山地稻田体系以及与之相适应的、呈现山体垂直分布特点的“山—林—水—村—（梯）田”的聚落空间格局；而高山溪谷段则通过营建“山冲田”、缓滞调节山溪等方式，构建了高山谷地的“山—（溪）水—林—（山冲）田—村”聚落空间格局。这些衍生的空间格局，适应了山间的地形与生态情况，为定居地尤为复杂与艰苦的苗族提供了赖以生存的空间保障。

总体而言，以雷公山地区为例，探讨迁徙与定居过程中的苗族聚落人居环境营建、演变过程，有助于进一步发掘其聚落空间价值、生态环境价值以及民族文化价值，有利于系统总结山地聚落人居环境的建设模式，对当前的村镇建设，尤其是山地地区的村镇建设具有参考意义。但是，该地区的苗族聚落也面临不少问题和挑战，随着工业化、城镇化、全球化的发展，聚落生计模式与民族文化正在发生巨大变化，同时旅游业也对当地的聚落营建与民族文化产生了明显的冲击。这一地区的苗族聚落走向何方，是很值得我们进一步思考的问题。

（致谢：雷山县苗学会会长杨耀奎、副会长唐千武以及吴生敏三位先生不仅给在调研途中向我们详细介绍苗族文化与聚落营建的基本情况，并且带领我们深入多个典型苗寨；云南师范大学杨宇亮博士与我共同调研，一路上我们多次交流看法与思路；吴雷在调研过程中帮我多方联系；刘纾萌同学帮助绘制了本章插图。在此一并表示感谢！）

本章参考文献

[清]爱必达，张凤孙．黔南识略[M]．古籍影印本．黄加服，段志洪，编．中国地方志集成·贵州府县志辑（19）．成都：巴蜀书社，2006．

[清]余泽春，古州厅志[M]．古籍影印本．黄加服，段志洪，编．中国地方志集成·贵州府县志辑（19）．成都：巴蜀书社，2006．

[清]徐家干，苗疆闻见录[M]．古籍影印本．黄加服，段志洪，编．中国地方志集成·贵州府县志辑（19）．成都：巴蜀书社，2006．

[民国]任可澄，等．贵州通志[M]．古籍影印本．黄加服，段志洪，编．中国地方志集成·贵州府县志辑（9）．成都：巴蜀书社，2006．

Rapoport, A.. House form and culture[M]. Prentice Hall, 1969.

符太浩．溪蛮丛笑研究[M]．贵阳：贵州民族出版社，2003：218．

贵州师范大学地理研究所，贵州省农业资源区划办公室．贵州省地表自然形态信息数据量测研究[M]．贵阳：贵州科技出版社，2000．

国家民委《民族问题五种丛书》编辑委员会，《中国少数民族》编写组，《中国少数民族》修订编辑委员会．中国少数民族[M]．北京：民族出版社，2009．

国家民委《民族问题五种丛书》贵州省编辑组，《中国少数民族社会历史调查资料丛刊》修订编辑委员会编．苗族社会历史调查（二）[M]．北京：民族出版社，2009．

何积全．苗族文化研究[M]．贵阳：贵州人民出版社，1999．

雷山县志编纂委员会．雷山县志[M]．贵阳：贵州人民出版社，1992．

李汉林．百苗图注释[M]．贵阳：贵州民族出版社，2001．

凌纯声，芮逸夫．湘西苗族调查报告[M]．北京：民族出版社，2003[1947]．

麻勇斌．苗族村寨选址的生态智慧与历史情结[J]．贵州社会科学，2011，(10)：85-88．

马学良，今旦．苗族史诗．北京：中国民间文艺出版社．

苗族文学史编写组．民间文学资料（第六集·苗族古歌）．贵阳：中国作家协会贵阳分会筹委会，1959a．

苗族文学史编写组．民间文学资料（第十二集·苗族古歌与情歌合集）．贵阳：中国作家协会贵阳分会筹委会，1959b．

苗族文学史编写组．民间文学资料（第十六集·苗族古歌）．贵阳：中国作家协会贵阳分会筹委会，1959c．

鸟居龙藏．苗族调查报告[M]．国立编译馆，译．贵阳：贵州大学出版社，2009[1936]．

潘定智，杨培德，张寒梅．苗族古歌[M]．贵阳：贵州人民出版社，1997

潘定智．苗族文化生态研究[J]．贵州民族研究，1994，(02)

石朝江．苗族历史上的五次迁徙波[J]．贵州民族研究，1995，(01)．

石启贵．湘西苗族实地调查报告[M]．长沙：湖南人民出版社，1986[1940]．

水利部珠江水利委员会，编．珠江流域片综合图集[Z]．2013

唐千武．雷山苗族文化与旅游丛谈[M]．北京：中央民族大学出版社，2010．

田兵．苗族古歌[M]．贵阳：贵州人民出版社，1997．

王红，潘兴忠，顾永堂．生态环境与苗族干阑建筑形态研究[J]．环境科学与技术，2006，(07)：94-96

吴良镛．广义建筑学[M]．北京：清华大学出版社，1989.

吴良镛．中国人居史[M]．北京：中国建筑工业出版社，2014.

吴一文，谭东平．苗族古歌与苗族历史文化研究[M]．贵阳：贵州民族出版社，2000

吴一文，吴一方．黔东南苗族迁徙路线考[J]．贵州民族研究，1998，(04)

吴玉贵．走进雷山苗族古村落[M]．北京：中央民族大学出版社，2010.

吴泽霖，陈国均，等．贵州苗夷社会研究[M]．北京：民族出版社，2004[1942].

伍新福．贵州苗族通史[M]．贵阳：贵州民族出版社，1999.

杨胜勇．清朝经营贵州苗疆研究[D]．北京：中央民族大学，2003.

杨庭硕．苗族生活方式的变迁：贵州杉坪的例子[A]．高丙中，主编．现代化与民族生活方式的变迁[M]．天津：天津人民出版社，1997.

杨耀奎．苗疆胜地美丽村落[M]．北京：大百科全书出版社，2014.

杨渝东．永久的漂泊：定耕苗族之迁徙感的人类学研究[M]．北京：社会科学文献出版社，2008.

张欣．苗族吊脚楼传统营造技艺[M]．合肥：安徽科学技术出版社，2013.

中国第一历史档案馆，中国人民大学．清史研究所，贵州省档案馆．清代前期苗民起义档案史料（上册）[M]．北京：光明日报出版社，1987：227-228.

中国民研会贵州分会，贵州民族学院．民间文学资料（第四十八集·苗族焚巾曲）．贵阳：中国民研会贵州分会，等，1982.

（原载于《贵州民族研究》2016年第5期，本书另有大幅增加）

5

都柳江流域『南侗』地区侗族山地聚落营建研究

CASE OF DONG SETTLEMENTS IN DULIU VALLEY, SOUTH-DONG AREA

侗族 | 肇兴

侗族 | 地坪

侗族｜银良

侗族｜都柳江边的聚落

侗族｜高增民居

侗族｜黄岗鼓楼及禾晾

5.1 引言

本章主要以南侗地区的聚落为案例开展研究。侗族主要居住于黔东南地区，其聚落营建过程充分体现了稻作民族的生存和繁衍的需要。侗族聚居地又主要分为“南侗”、“北侗”两部分。“南侗”地区因为地形相对封闭、纳入国家行政管辖较晚等原因，保存了更为原生的民族文化，其聚落与民居特色更为突出。

南侗地区主要位于贵州省黔东南苗族侗族自治州黎平、榕江、从江三县。位于长江、珠江分水岭，大部处于珠江水系上游都柳江流域。区域内降水较为充沛，山溪密布，多数通过四寨河、寨蒿河、洛香河等支流汇入都柳江。地形以山地占绝对主导地位，河流切削严重，地貌破碎不平，海拔起伏剧烈。据《贵州省地表自然形态信息数据量测研究》，三县

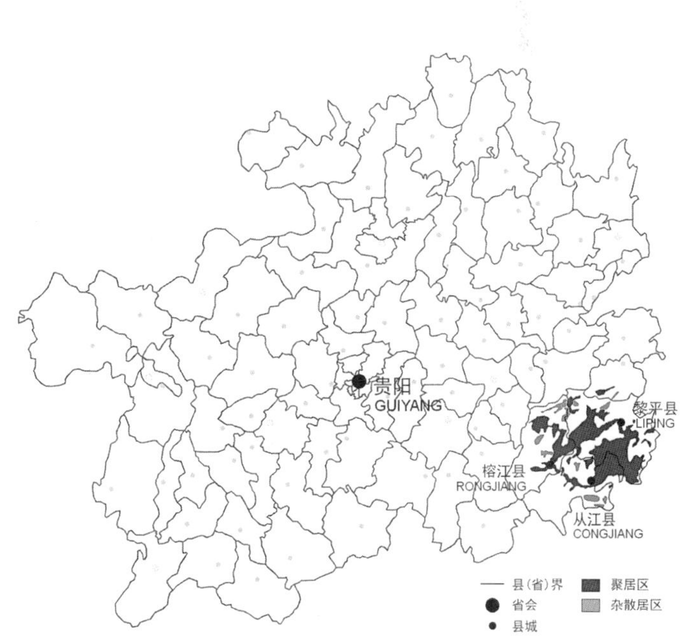

图5-1 南侗地区侗族聚居分布图
（来源：笔者根据《贵州省地图集》与《侗族简史》等资料改绘）

图5-2　区域内侗族典型聚落与民居建筑
（来源：笔者自摄）

坡度超过25°的陡坡面积比例分别为26.9%，35.1%与38.7%，适宜耕作的土地十分稀少，低于6°的平地面积比例分别仅为5.1%，3.4%，2.0%。适宜耕作的平地绝大部分位于由这些河流冲积而成的河谷坝子地带。

侗族本无本民族文字，并且在“改土归流”之前也很少见诸汉语文献记载，聚落历史图片等资料更是缺乏，为本文研究该地区侗族聚落在不同历史时期的情况带来困难。但幸运地，该地区存在众多以“代代相传”为特征的民族古歌与传说，记录了不少其先祖由外地搬迁而来、定居此地并进行建设与扩展的情况；同时，聚落中往往有部分村民通过代代相传的方式对聚落演变的历史过程有一定了解，对这部分村民进行访谈，也能获得部分聚落营建的历史信息。

另一方面，聚落空间在长时段的营建过程往往采取“有机更新、有序扩展”的方式，部分地区和村寨，如黎平县黄岗寨，还有以最初开辟与建设者的名字命名聚落内小地名的习惯（崔海洋，2009），如此则能够通过聚落空间的解读还原部分历史信息。由此，通过对歌谣文本以及访谈记录加以分析，并与聚落空间信息加以比对分析，能得出不少有意义的关于聚落营建的历史信息[1]，进而有可能构建聚落整体的生成过程。

[1] 其中，20世纪中期，贵州省相关单位组织收集了主要流传于黎平、从江、榕江三县20余首侗族古歌，记录了当地各侗族支系繁衍、迁徙、定居以及习俗沿革等情况，以《侗族祖先哪里来（侗族古歌）》为名于1981年结集发表，具有较高的历史价值。本文将该书中收录的多首古歌的文本作为基本材料加以引用。

5.2 生存、迁徙与选址

侗族一般认为是由“百越”的一支发展而来。其中，流传于南侗地区古歌中，广泛流传侗族祖先由广西梧州、江西吉安等地搬迁至今日聚居地的传说。结合语言、建筑、习俗以及汉语历史文献等方面的佐证，这一说法已经成为侗族源流几种主要观点之一（国家民委《民族问题五种丛书》编辑委员会等，2009；洪寒松，1985；石若屏，1984）。根据这一观点，南侗地区侗族祖先在远古时期的初始居住点在珠江水系中下游地区的河网平原地带，溯河而上沿途经过浅山丘陵地区，最终在云贵高原东缘的河谷与山间定居下来。其生存环境发生了较大的改变，侗族先祖在保持“稻耕农作”的生计方式基础上，对自然环境加以改造与适应，逐渐形成了自己独特的聚落格局与形态。

5.2.1 迁徙原因

据考证，生活于珠江中下游河网平原地区的百越民族很早以前就过着“饭稻羹鱼”式定居农耕生活，稻田及其植根的“河—渠—田”湿地生态系统是民族生存繁衍的基础。在侗族古歌记载中，不乏“梧州地方田坝长，音州地方江河长”的描述（黔东南苗族侗族自治州文艺研究室等[1]，1981：53）。而侗族先民舍弃自然地理条件较好的中下游河网平原地带，其原因正是人口增加、自然灾害、技术限制以及战乱纷争等动摇了其生存繁衍的基础。

人口增加，田地紧缺

人口增加导致耕地不足是导致侗族先民离家另寻居所的最主要原因，这也在南侗地区多个侗族支系的古歌中出现最为频繁。流传于从江、黎平等地的古歌“侗族祖先哪里来”说到，“住在梧州那里，人口连年发展。父亲这一辈，满院坝闹嚷嚷；儿子这一辈，人口增添满村庄；姑娘挤满了坪子，

[1] 为便于阅读，后文引用该书以“州文研室等”作为“黔东南苗族侗族自治州文艺研究室等”的简称。

后生挤满了里弄。地少人多难养活，日子越过越艰难”，因此原聚落中的部分人商议，“不能困在这里等饿死，大家相约出去，找那可以居住的地方”（州文研室等，1981：31–32）。流传于从江摆共等地的古歌“摆共侗族祖先落寨歌”中也提到因为人口繁衍太多，“父母健壮儿成群，吃不饱来穿不上，只因地少人多难养活”，因而必须另寻出路（州文研室等，1981：122）。

自然灾害频繁

侗族先祖搬迁的另一个重要原因在于自然灾害频繁，原聚居地已不再适合居住。其原因可能有两方面，一是大幅度的气候条件变化影响到该地区；二是由于当地人类对自然的改造超过了可调节的限度，使得地区生态环境恶化、微气候条件发生较大改变。

自然灾害最主要的因素是干旱，“那里的太阳离地不远，晒得地下直冒青烟，晒得人脸流出油汗，晒得井水枯竭河也干”（州文研室等，1981：117），“六月天干土变白，就像晒干的构纸一个样。构纸晒干不会裂，田地干裂陷得下牛羊。……望断赶场江水还是往下流，哭瞎双眼河水不把高坡上”（州文研室等，1981：99）。此外，还有洪涝灾害等，“好景不长久，天灾人祸落寨中。十年遇了九年大干旱，还剩一年落雨又涨洪”（州文研室等，1981：105）。自然灾害，尤其是旱灾与灌溉技术欠缺等因素相叠加，造成了“年年闹灾荒，盗贼偷又抢”的结果（州文研室等，1981：99），迁徙成了必然的选择。

技术限制，田地不能尽其利

在侗族古歌文本中，灌溉等技术的限制亦是侗族先祖抛弃原住地另寻居所的原因之一。由于当时技术条件限制，尤其是灌溉技术不够发达，使得原本十分宽广平坦的田地不能有效灌溉，即是今天我们比较熟悉的“工程性缺水”，导致田地收成不够生存所需。“梧州地方田坝大，音州地方江河长。可惜真可惜，天地都在高坎上，引水不进田，河水空流淌。茫茫大地棉不好，宽宽田坝禾不旺”（州文研室等，1981：53）。

另一首流传于高增地区、影响非常大的侗族古歌《祖公上河》，描述的搬迁原因则兼具了田地紧缺、技术限制的双重原因：“侗族祖先住广东，侗族祖先住广西，那里人群发得猛，山川广阔也难容，”因此其先祖先搬至梧州地区，但“梧州地方虽然好，水在低处田在高，我们祖先不会做水车，低水难救高处苗。种田禾不壮，种地棉不好”（州文研室等，1981：66−67）。

战乱纷争

此外，当受到外来强势力量袭扰时，为求得生存，侗族先民也不得不搬离战乱纷争之处，另寻居所。“来到梧州打一仗，战死的人树下埋。……祖先们准备在那里扎寨，强人船只尾追来，喊声阵阵刀光闪，杀气腾腾似妖怪。我们祖先被逼实无奈，连夜登船往上开”（州文研室等，1981：157）。

甚至当搬迁至都柳江地区之后，也存在不同群体间争夺生存空间，弱势一方另寻居所的情况。现在居住于黎平寨头、孖尧等地的侗族支系，当时最初迁徙到榕江车江大坝，但却因为与汉族以及其他支系的纠纷，不得不继续往山深处迁徙：“谁知官家派兵把古州占。占了古州又破三宝寨，炮声隆隆震天响。……古州汉人占完了地，三宝侗家分完了田。剩下我们的祖先，两手空空没田园”（州文研室等，1981：115）。

5.2.2 迁徙路径

南侗地区侗族各支系在提到其先祖迁徙的过程时具有强烈的共识，即“祖公沿河走上来”，“结伴同行寻找新住地，只有沿着大河逆水上”（州文研室等，1981：33），“祖先为寻生路离家乡，众人商议沿河走，找那可以居住的地方”（州文研室等，1981：122）等。对当地多数古歌与传说进行梳理，结合地理因素考量，我们可以勾勒出一条较为清晰的迁徙路径

（图5-3），即由珠江中下游地区（多数记载指向梧州地区）的祖居地出发，沿浔江—黔江—柳江—融江—都柳江一线溯流而上，直至抵达都柳江流域的新聚居区域。整体而言，这一迁徙路径经历了由河网平原地区出发，经半山丘陵地区，抵达云贵高原边缘地带的山地地区的转变过程。

在进入都柳江流域之后，侗族先祖在通往各支流的河口处弃船登岸，重要的河口诸如高安河口、八洛河口、丙梅河口等。随即沿支流继续溯流而上，寻找各处具有生存繁衍条件的地点作为定居新址。

一般而言，早期进入的侗族先民选择坝子较为宽阔、土质与灌溉条件较为优越的河谷地带作为最初居址（图5-4中所示的“初级定居聚落”），这也形成了侗族先民开拓都柳江流域的最初据点。

随着定居状态的稳定，田地不断开辟，人口不断繁衍，当初级聚落的田地已不再能支撑进一步的聚落发展之时，聚落中的部分支系会离开初级聚落，再寻合适地点定居，形成“次级定居聚落”，甚至再由“次级定居聚落”分化出更次一

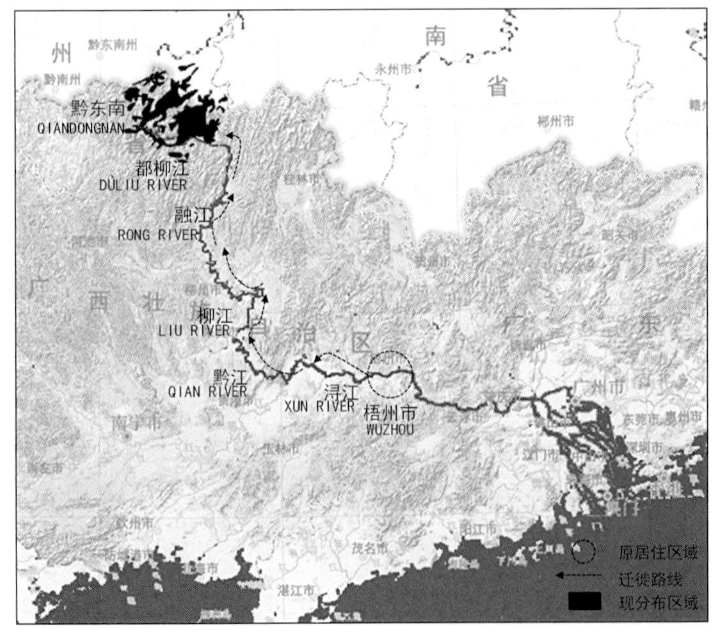

图5-3　侗族古歌中记述的主要迁徙路线
（来源：笔者根据相关资料以水利部珠江水利委员会编“珠江流域片地势图”为底图改绘）

级的定居聚落的情况。一般而言，这时区域内各处河谷宽坝已经几乎被占据殆尽，分化出来的次级定居聚落的选址会选择条件欠缺一些的“河谷窄坝”地区，甚至条件更差的“山间谷地”以及“山腰坡地”地点。如表5-1所示，从中整理列出了南侗各侗族支系古歌中描述迁徙路径，以及各轮次寻找合适地点定居的情况。

例如，侗族一支系的先祖溯江而上抵达都柳江的高安河口，上岸沿支流南江河继续向上，最初找到古邦这一合适选址“果见好山好水人人夸，到处都是大榕树，还有一块好沙坝”，经过若干年的不懈营建，形成了“古邦”这一初级定居聚落。若干年之后，“人多地少后来住不下，祖公商议分到别处去安家；人到岑岜、六甲，都讲是个好住处，人到地坪、肇洞，都讲一点也不差。分到哪处爱哪处，就像瓜藤牵到哪

侗族古歌中的侗族祖先迁徙、定居与扩展情况　　表5-1

原居住地	上岸河口	初级定居聚落	次级定居聚落	来源
梧州胆村	八洛河口	贯洞、龙图、洛香、皮林	三龙、郎寨、坑洞、寨脚、宰高、四寨、平瑞、丙梅、解脚、岑抱、高增、平求、银良、小黄、岜扒、岩寨、归用、弄向……	《侗族祖先哪里来》
梧州	八洛河口	皮林、四寨	同芶、寨修、平美、平细、高增、银良、岑抱、銮里、归农、弄向、潮里、寨庞	《祖公上河》
江西/广东/梧州		四寨	当勾、俾仰、寨足、刹湾、平瑞、丙梅、岑抱、銮里、高增、平求、银良、小黄、岜扒、它里、归农、弄向、纪堂、寨庞……	《摆共侗族祖先落寨歌》
梧州音州	八洛河口	贯洞	（儿孙们分居各寨、分管各山……）	《祖源歌》
梧州音州	车江河口	古州、三宝（车江）		《祭祖歌》
梧州/浔州	车江河口	古州、盛娥（车江）	（按族分开住，建村又建寨……）	《侗族祖先迁徙歌》
梧州木究/演究			务孖、三宝、南江、水口、皮林、龙图、潘老、口团、信地、增冲	《忆祖宗歌》
梧州木究/演究	高安河口	古邦	岑岜、六甲、地坪、肇洞（肇兴）	《古邦祖公落寨歌》
江西吉安		地扪	腊洞、茅贡、罗大	《茅贡忆祖来源歌》

来源：笔者根据《侗族祖先哪里来（侗族古歌）》等资料整理

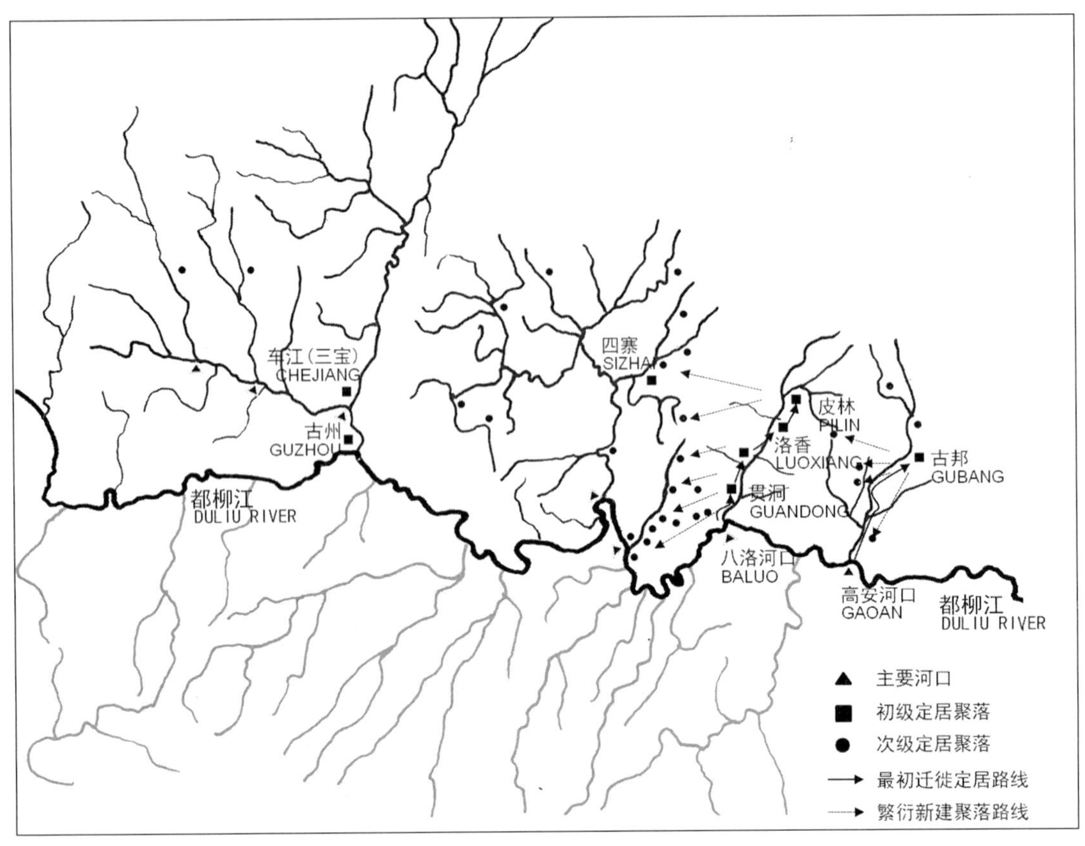

图5-4 侗族祖先聚落分布及迁徙定居、扩展新建聚落路线

（来源：笔者根据《侗族祖先哪里来（侗族古歌）》等资料绘制）

里都结瓜"（州文研室等，1981：90），在古邦周围又形成了岑岜、六甲、地坪、肇洞等4个次一级的聚落。此后，当我们进一步讨论肇洞（即肇兴）这一位于河谷窄坝地带的次级聚落时，发现它经过若干年的繁衍，又进一步扩展分化出厦格、堂安等多个位于山腰地带的聚落。最终，在该区域形成了一个由彼此之间存在着亲缘关系的若干个聚落形成的聚落体系。

图5-4从地理空间上描述侗族各支系迁徙而来、形成初级定居聚落、继而繁衍分支出次级定居聚落的过程，从中可以较为清晰地看出侗族各支系定居具有沿都柳江支流由浅及深、由河谷向山间发展的规律。

5.2.3 聚落选址

侗族先祖溯河而上，抵达黔东南地区的都柳江沿岸之后，在聚落选址时需要经过一整套的考察过程。如山的因素，"俄过与宏年[1]走上山崖，观看了整个山脉，眼底一片荒凉景象"，"寨尾是红石块连块，寨头是满山石灰岩，寨中的怪石尖如刀剑"，因为未能提供村寨必需的庇护与改造条件，所以舍弃；水的因素，"只见水往地下流，田在高台当西晒"，因为没法耕作而舍弃这片平地，继续往前；田地的因素，因为"坡上没有菜地可重，坝子没有荒田可开"，所以必须继续往前找寻合适居所；此外，还有一些关于耕作的具体原因："脚踩田泥如无底，胀胀鼓鼓就像牛怀胎……冷水[2]锈泥[3]鱼不大，山头风冷花不开"，综合考虑了土质、水质、日照、气温等具体因素。总体而言，聚落的选址是一个整体考量并不断试错、不断总结经验、确定合理定居地的过程。最终，侗族先祖普遍总结出聚落选址的几个重要条件：首先必须具有适宜的可耕作土地；其次河流水系需能提供便利的灌溉条件；第三，山体需要提供荫庇；最后，需要有树林提供建房材料，并涵养水源等。正如侗族古歌所说"要找那山坡有树田有水，能够养活儿孙的地方"（州文研室等，1981：33）。

因此，在南侗地区地形条件下，由都柳江支流冲积出的河谷平坝成为当时侗族先民聚落选址的最优选择。"这里有田坝，这里有山林，可以建村寨。……留下一部分人住，依山傍水建村庄"（州文研室等，1981：70-71），以及"这里土熟地好，满山密林都是百鸟栖身的地方，绿水环抱山旁，溪边那块小坝，田中禾杆粗得像大腿一样"（州文研室等，1981：116）。河谷平坝还可进一步分为田地较为丰富的"河谷宽坝"，与田地相对较少的"河谷窄坝"。

当河谷地带开发殆尽后，侗族耕作活动由河谷向山中扩展，山间谷地与山腰坡地开始依次成为侗族聚落选址的次优选择。山间谷地通常为群山怀抱的小块盆地，中有溪流流经，四周山高林茂。而山腰坡地通常选择向阳的山腰地带，须有较为充足泉水或溪水，方便聚落灌溉与生活，山顶通常覆盖

[1] 俄过与宏年均为侗族先祖名。

[2] 在当地指温度较低的水。地下水从井泉涌出之时温度一般较低，如不经过较长时间的日晒增温的话，不利于农作物生长。

[3] "锈水"在当地指流经煤矿矿层后被污染的水，不能用于农作物耕种。

密林以涵养水源。山间谷地聚落与山腰坡地聚落通常由位于河谷平坝的“母聚落”繁衍分化而成，其规模较小，通常位于其“母聚落”附近的山中。如，黄岗寨由位于河谷地带的四寨村分化形成，两者相距约8公里左右，但海拔已由四寨的260余米提升至黄岗所处的760米。

5.2.4 聚落类型与谱系

根据以上分析的迁徙与选址情况，南侗地区的侗族聚落主要可分为河谷平坝型、山间谷地型、山腰坡地型三种类型。其中，根据河谷平坝的规模大小，还可进一步分为河谷宽坝与河谷窄坝。各种类型的自然生态条件存在较大差别，可提供的生存空间也存在显著差距。大者容纳上千户村民的生存发展，而小者只能满足数十户村民的生存所需（如图5–5所示）。

5.2.4.1 河谷宽坝型

通常由都柳江较大支流冲积而成，河谷宽度一般在1公里以上，顺河流上下延伸可达数公里，地势平坦，水流量较大且平顺，在南侗山地地区是相对最有利于农耕生产的类型。

其中，位于榕江县境内寨蒿河与平水河交汇处的“车江大坝”是其中最大、最为典型的一个。车江河坝呈南北走向，东西两山脉与河谷之间高差超过100米，河谷东西宽约1～3公里，长约15公里，河谷内土地平坦，寨蒿河蜿蜒平缓而过，“二水两岸皆山，惟车江自乐乡以下至厅城，几三十里之遥，迤逦潆洄，平原通坦，榕树参天”❶，在南侗山地地区极为罕见。平坦宽阔的河坝改造为田地，可为众多的聚落居民提供生存保障，据清乾隆年间贵州巡抚张广泗上疏，车江大坝“上田每亩可出稻谷五石，中田可出四石，下田可出三石”❷，这已是当时贵州山区很好的土地产出水平了。因此，“车江大坝”聚落规模在南侗地区亦处于首屈一指位置。村庄沿河陆续分布，共有8～9处，位于各聚落耕作田地的中心位置，各聚落间相互距离约1～2公里。

❶［清］爱必达，孙凤孙. 黔南识略［M］. 古籍影印本. 黄加服，段志洪，编. 中国地方志集成・贵州府县志辑（5）. 成都：巴蜀书社，2006：477–482.

❷［清］张广泗.《议覆苗疆善后事宜疏》.

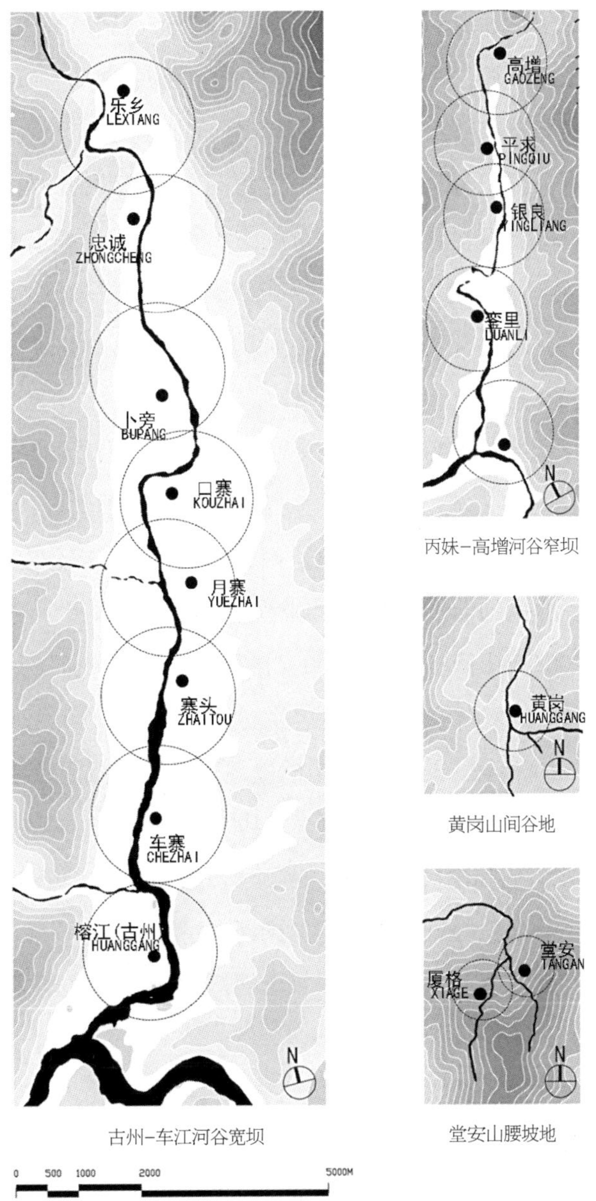

图5-5 河谷宽坝、河谷窄坝、山间谷地、山腰坡地四种类型聚落选址的同比例尺比较

（来源：笔者自绘）

类似于车江大坝、规模略小的河谷宽坝聚落还有四寨—双江河谷坝子，贯洞—洛香—皮林河谷坝子等，均是侗族先民由下游搬迁而来首先选择定居的初级聚落。

5.2.4.2 河谷窄坝型

通常位于都柳江较大支流的上游或中小型支流沿岸，河谷宽度在数百米之间，长度为数公里不等。坝中地势较为平坦，河流相对平缓，较为适宜农业耕作。每个聚落规模可大可小，相互间距离数百米至1公里不等。为节省较为有限的平地资源，河谷窄坝中的村庄一般位于山脚地带。

位于从江县城以北的丙妹—高增河谷地带是这一类聚落分布的典型地区。该河谷窄坝宽度约200～800米，总长约5.5公里，沿河分布銮里、银良、平求、高增等数处聚落，村庄规模适中，基本位于两侧山峦延伸的山脚地带，村庄周边留有较大片的稻田。

这一类型的河谷坝子还有不少，如南江河沿岸的高安—地坪，洛香河支流沿岸的洛香—肇兴等。这一类聚落，有部分为侗族先民由下游迁徙而来之时选择定居，有部分由位于河谷宽坝地区的初级定居聚落繁衍分化而成。

5.2.4.3 山间谷地型

主要位于山中，海拔相对河谷地带较高，四周由山岭围合，形成规模数十亩至数百亩的盆地，溪流一般流经盆地。黄岗是这一类型聚落的典型代表，其海拔700余米，为一四周由高山围聚的高山盆地，仅余北侧一口为出水口。该盆地南北向略长，面积约300亩，中有黄岗河流经盆地。

这一类聚落通常由河谷平坝型聚落中分出，聚落规模需适应于可耕用地面积，相对不大。

5.2.4.4 山腰坡地型

主要位于山腰向阳坡面中部，海拔相对较高，改造利用难度最大。山坡地经改造形成梯田，为便于耕作，村庄一般位于梯田中央位置。山顶有溪水流下，经过村庄并灌溉梯田。这一类聚落规模一般较小。肇兴侗寨周边的堂安、厦格、纪堂等村寨是这一类的典型代表。

这一类聚落一般是在侗族先祖解决山地塘-渠灌溉技术与梯田修造技术之后才会出现，因而一般是最后出现的。根据当地口述民族志，这一类聚落往往也是由周边河谷田坝地带的中心聚落分化而成。

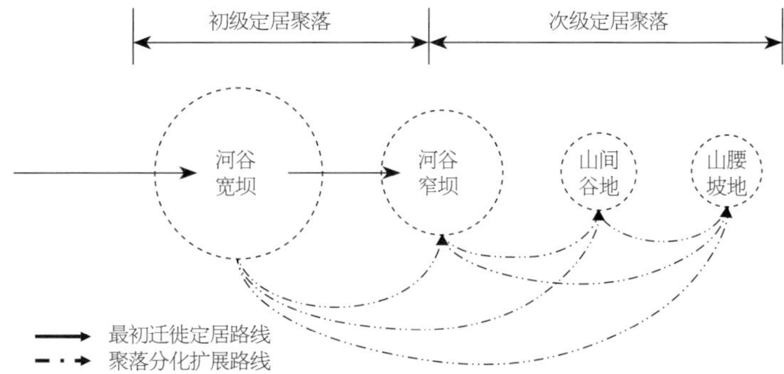

图5-6 迁徙—定居—分化扩展聚落类型谱系
（来源：作者自绘）

由是，我们建构了南侗地区由迁徙、选址至定居的基本谱系。我们可以认为，侗族先祖从珠江水系中下游的河网平原地带，溯河而上至云贵高原东缘的山地地区，首先选择耕作条件最好，最利于“稻耕民族”生存的都柳江较大支流的河谷宽坝与部分河谷窄坝作为最初的定居据点，形成初级定居聚落。随着人口不断繁衍（或许后续还有支系陆续从下游迁徙至此），同时也有一定的山地耕作技术积累之后，当河谷坝子地区已不能满足生存繁衍需要之时，人们开始陆续往山上寻找合适的定居点。由此，山间谷地与山腰坡地开始被改造成为侗族聚落。形成了迁徙-定居-分化扩展聚落谱系（如图5-6）。

5.3 河谷平坝聚落：“山—水—田—林—村”基本格局构建

据考证，“侗”之来源为“峒（硐、洞）人”。而“峒”在两广民间古语，以及壮语、布依语、傣语等周边少数民族语言中，皆指“山间盆地、平地或坝子”之意（张寿祺，1982）。而所谓“溪峒”，则意为在群山环抱间由溪水冲积而成的小片河谷平坝，或是小型盆地，河谷盆地被群山阻隔，形成了相对独立的自然地理单元，后“溪峒”逐渐引申出溪边村寨之意。根据以上梳理，我们发现居于溪边的平坝或谷地的聚落这一空间上的特征，甚至对于侗族族名的形成都具有重要的意义。

进一步的研究表明，侗族先祖在溪边平坝通过察山、布局、理水、开田、蓄林、立寨、展拓等一系列的聚落营建过程，最终形成了具有侗族鲜明特色的“山—水—田—林—村”空间格局。

5.3.1 察山、布局

对聚落的营建开始于对选址周边山形水势的踏勘，在此基础上顺应山水格局，对林地、水田、村庄的布局进行大致的谋划。如藕洞寨的选址位于“层峦叠耸”之中，但通过对山形的观察与精妙布局，将村庄入口处设置为“路仅如线”，以利于村庄安全，但是聚落核心地区却保持“中有一平田数十顷”❶，充分确保聚落有充分的耕作空间，保证聚落的生存需要。

地扪侗寨的山水格局是典型的河谷平坝（图5-7-a）。河流由南向东北方向缓缓流去，中间冲积形成西南—东北朝向的河谷坝子，坝子宽约200～500米间，长约2公里。坝子两边群山环绕，仅西南与东北角有两水口，整体形成了较为封闭的地理单元。地扪侗寨的先祖在对山形水势进行整体观察的基础上，确定基本布局。将最初的村庄位置置于河北岸偏西的山脚地带，在村庄两侧及对岸留有大片可供种植水稻的田地，村庄与稻田均有良好的日照，同时，北侧的高山也为其提供庇护。

5.3.2 理水、开田

待确定基本布局之后，首先营建的是对河谷平坝进行整理，以使之能够种田与居住。侗族先民刚进入这一区域时，河谷平坝显然不是“平畴细浪”的状态。据立于榕江县车江侗寨村口的“万古垂名碑”碑文记载，车江大坝在侗族先祖“始祖由浙右之粤，移徙雷州星县沿河而寄迹于斯”之时，甚至是“平原树木掩翳，深林密满，难以居人”的状态，因而只得先临时居住于半山，随即对平坝进行整理，直至后期才

❶［清］俞渭. 黎平府志［M］. 古籍影印本. 黄加服，段志洪，编. 中国地方志集成·贵州府县志辑（17）. 成都：巴蜀书社，2006.

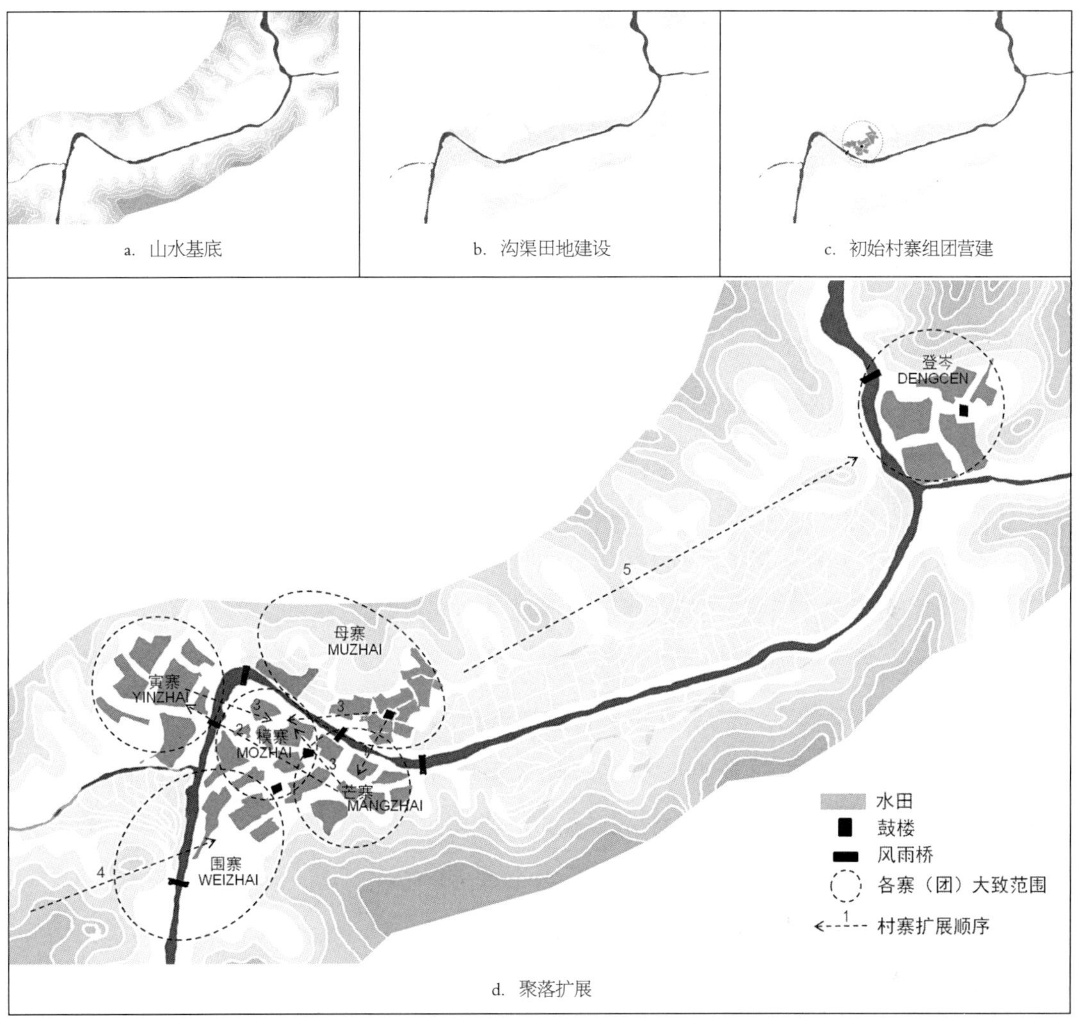

图5-7 地扪聚落人居环境营建示意图
（来源：笔者自绘）

搬入河边“平地而居之”（普虹等，1990）。

河谷平坝的整理工作主要集中在整理水系形成灌溉渠道，开垦田地两方面。地扪聚落的营建过程（图 5 -7-b），首先是由河流上游水口处引水进入沟渠，或由从周边山沟流出的溪水处引水，使水能够流往河谷坝子里的田地。据当地老人介绍，今日在地扪田野中的灌溉沟渠几乎遵循了一开始初辟时的格局。与理水建沟同步，稻田的开垦也在聚落营建最初开展。如古歌所言：“可惜这里没有一块现成的田，全靠锄头把荒挖。挖了荒田又砌埂，等那阳雀催春就把谷种下”（州文研室，1981：90）。沟渠的建设与稻田的开垦还具有阶段性，与聚落中人口的繁衍增长相适应。在聚落初建之时，人口还较为稀少，开垦的稻田主要位于村庄附近耕作条件最优的部分[1]。随着聚落人口的增加，为满足生存需要，沟渠与稻田不断被开辟出来，直至占据适宜耕作的整个河谷地带。

5.3.3 蓄林、立寨

南侗地区聚落对树林采取“养蓄为主、砍伐适度”的原则，聚落周边山系普遍覆盖良好的森林植被。占里寨古歌“山林树木是主，人是客。占里寨是一条船，有树才有水，有水才有船”（沈洁，2011）。这对聚落起到了涵养水源、防止山石滑坡、维系生态平衡等发挥了重大作用，同时，森林还为聚落提供了营建所需的木材，还提供了部分可供采集与猎取的动植物资源。

村寨建设是聚落营建的重要内容。侗族先祖在选好村址，有了“好田塘”之后，“男女老少都高兴，上山砍树建楼房……村村寨寨兴旺”（州文研室，1981：56）。房屋采用“干栏”式解决居住问题，“仡佬[2]以鬼禁，所居不着地。虽酋长之富，屋宇之多，亦皆去地数尺。以巨木排比，如省民羊栅。杉叶覆屋者，名说羊栖”[3]。

南侗地区村寨建设注重“核心”与“边界”。由“鼓楼”、“萨坛”等公共空间构成村寨核心，建村先建鼓楼，侗寨往往有“未曾立寨先建楼，砌石为坛敬圣母，鼓楼心脏作枢纽，富贵光明有根由”的说法，“邻近诸寨于高坦处造一楼，高数层。用一木杆，长丈余，挖空悬于顶层，名‘长鼓’，凡有不平事，即登楼击之”[4]，“凡有不平之事，即登楼击之，各寨相闻，俱带长镖利刃，齐至楼下，听寨长判之。有事之家，备牛待之”[5]。并且由风雨桥、寨门等限定出村庄建设的边界，进出村寨一般需从风雨桥或寨门经过。而村中民居通常环绕鼓楼成组团状排布，并且不得超出风雨桥与寨门建设。传统中，村民若居住于村寨边界之外，则

[1] 在地扪田野调查时，具体哪部分田地被首先开辟并未得到明确的答案。因此，图5-7中所示最初沟渠田地建设部分的位置为示意性标识。

[2] 历史上，侗族称谓十分复杂，“仡伶”、“仡佬”、“獠”、“洞蛮”、“洞苗”、“侗家”、“峒人”等均有见于著述，本条系指当时沅江流域附近南方百越系统多个民族共有的居住习俗。

[3]《溪蛮丛笑》“羊栖”条。引自符太浩. 溪蛮丛笑研究[M]. 贵阳：贵州民族出版社，2003：218.

[4]《百苗图》“黑楼苗”条。引自李汉林. 百苗图注释[M]. 贵阳：贵州民族出版社，2001：188

[5][清]李宗昉. 黔记[M]. 古籍影印本. 黄加服，段志洪，编. 中国地方志集成·贵州府县志辑（5）. 成都：巴蜀书社，2006：576.

意味着其被村中宗族所排除在外。由此基本确定了村寨结构。在地扪的案例中，最开始立寨于河流拐弯处东岸“母寨”，意为本村的“发源地”。村寨中民居均围绕母寨鼓楼，成团状建设，并于村西南侧跨河处建设风雨桥，标示村庄出入口。这形成了地扪的最初始的村寨组团——“母寨”。结合周边的山体、水系、田地、树林，最初的地扪聚落初见成效（图 5 –7–c）。

5.3.4 同构、展拓

随着人口的不断繁衍，河谷内田地不断开垦，宗族不断分化出若干支系。当初始村寨组团边界已经容不下新增人口之时，部分支系便采取跳出初始村寨组团边界，于紧邻地带另行建设村寨组团的方式对村庄进行展拓。这一展拓通常采取同构的方式进行，即同样首先建设支系的鼓楼与风雨桥，确定这一组团的核心与边界，支系的民居便围绕鼓楼核心，在组团边界内发展。一般而言，村寨中，有几个主要的支系便会形成几个这样的组团，他们共同构成村寨整体。与此同时，各支系也往往在河谷内往不同的方向开辟田地。

在地扪侗寨的案例中，在母寨之后，经过逐步分化、融汇、发展，逐渐形成了由“母”、“芒”、“寅”、“模”、“围”五个紧邻的组团共同构成的大型村落（图 5 –7–d）。村中老人对地扪村内的扩展记得十分清楚：“地扪的吴姓先人最初在今塘公祠附近安家落户，成为母寨；其意为发源地……经过一代代人民的辛勤开垦，地扪终于发展起来。母寨已经由开始的十几户人家发展到几十户人家，此时地们的村民感到住地有些狭窄了，有必要扩展一下村寨……于是村里房族中的一支就赶快急急忙忙搬了过去，在这里定居繁衍。人们便把这个寨子称作忙寨，后演化为现在的“芒”字。这些人搬到芒寨居住之后，人口繁衍很快，于是又搬到村里的另一块地方

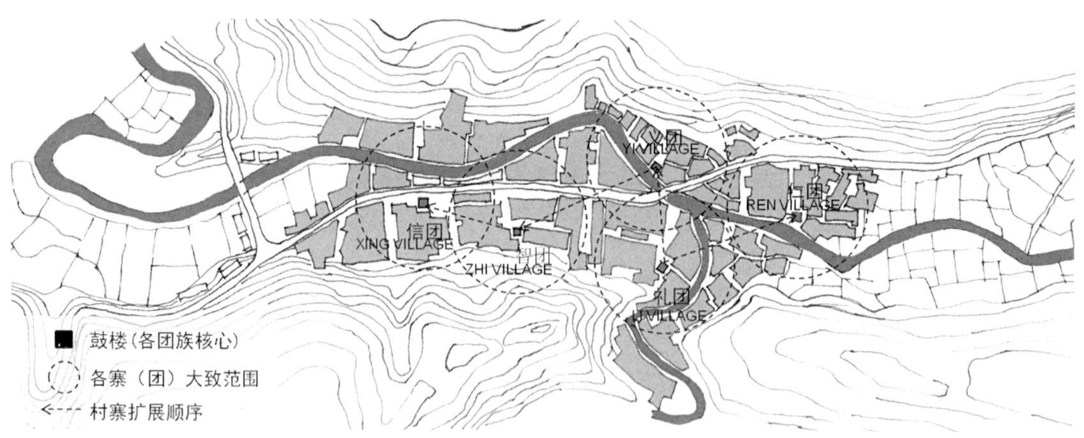

图5-8 肇兴聚落各房族扩展示意图
（来源：笔者自绘）

居住……他们的居住地就称作寅寨。在寅寨之后，又有了模寨……意思便是有许多树木的寨子。最后形成的一个寨子叫做围寨……在最边缘，把地扪村包围起来。围寨住的是后来到达地扪村的外姓人”（张姗，2009）。

肇兴侗寨也经历了类似的过程，在经过人口繁衍、支系分立，以及部分外来家族迁入的过程后，最终形成了由“仁”、“义”、“礼”、“智”、“信”五个组团共同构成的大型聚落（蔡凌，2007）。每个组团均围绕各自的鼓楼建设，并且有各组团明确的风雨桥作为进入该组团的标识（图5-8）。

5.3.5 形成河谷平坝“山—水—田—林—村”聚落空间格局

经过一系列的聚落营建过程，南侗地区位于河谷平坝地带的侗族聚落普遍形成了“山—水—田—林—村”的整体空间格局。在这一格局中，连绵山峰环绕村落，为人的居住提供庇护；河流在村前田间流淌，以供饮用，并方便田地灌溉；田地充分利用河谷平地，为人提供最为基础的食品保障；树林覆盖山地，以维系生态，同时保护村寨免受泥石流等自然灾害影响；而村庄住房成团组建设，或位于河湾，或位于山脚地带，各自具备特色。广泛流传于侗族地区的俗语“无山就无树，无树就无水，无水不成田，无田不养人”，即是这一空间整体格局的文化体现。

5.4 山间谷地与山腰坡地聚落：基本格局的改造、移置与优化

作为以“饭稻羹鱼”为传统的稻作民族，侗族的理想聚落位于“依山傍水”的溪峒位置。但仍有不少侗族村寨位于山中，这当是人口繁衍超出河谷地带承载力、人们不得不于“上山”另寻居址的原因。进一步的研究发现，侗族聚落在营建高山聚落的过程中，基于在河谷聚落中业已形成的“山—水—田—林—村”空间格局，对高山环境适当加以改造，移置与优化，形成了衍生的聚落空间格局。这一空间格局实现了生态环境的可持续利用，保障了侗族传统的“稻作农业”的生计方式，并延续了自身的文化特色。

5.4.1 开枝散叶：聚落由河谷向山中扩展

侗族聚落人口继续繁衍，当河谷地带的田地资源不足以承担增加的人口之时，原聚落的部分支系开始向周边扩展。如当地扪河谷坝子达到容纳极限之时，部分支系开始在原初始聚落之外另寻居所，首先在该片河坝的水口位置另行兴建“登岑”寨（图5-7-d）。随后，还有支系跳出坝子范围，“人口发展落满寨，又愁屋坐又愁粮。田地越来越嫌少，祖公商议去开荒。分去腊洞就住高山上，分去芧贡发七百家人丁旺。分去罗大那里荒田真不少，肥田沃土年年有余粮”（州文研室等，1981：144）。形成了以地扪为中心，包含登岑、罗大、腊洞、芧贡等在内的聚落体系（图5-9左）。

扩展的首选仍然是河谷坝子，但当周边所有河谷坝子都已被开发之后，侗族先祖开始向山中扩展。如肇兴，当河谷地带已不足以支撑不断增长的聚落人口生存需求时，宗族的部分支系又开始向周边山中迁徙，分别形成了厦格、堂安、

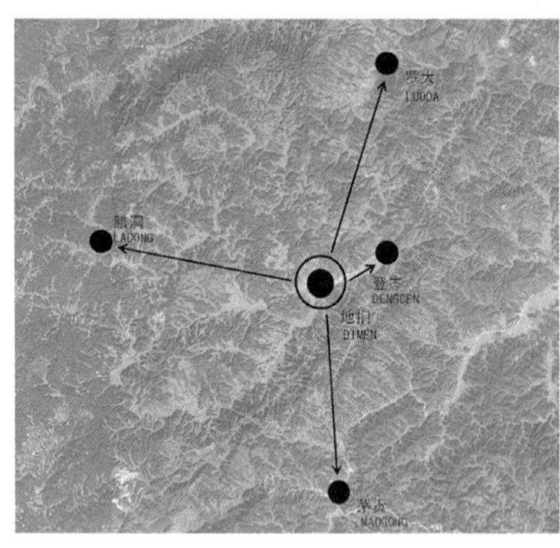

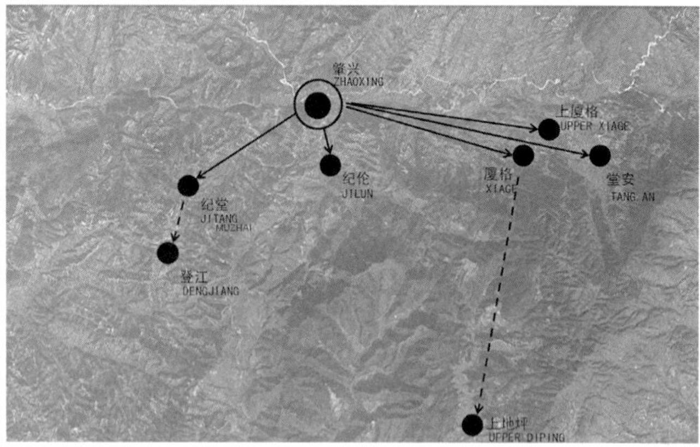

图5-9 以地扪（左）、肇兴（右）为核心聚落向山中分支扩展示意图
（来源：作者自绘）

纪伦、纪堂、登江等新聚落（图5-9右）。这些聚落普遍位于山间谷地和山腰坡地。

5.4.2 山溪改造：形成“溪—塘—田”系统

作为早年生息于河网平原地带、进入山区后也首先选择河谷平坝地带定居、一直以来“饭稻羹鱼”的侗族，需要通过对山间自然环境加以改造，以使其习惯性的“稻耕农业”的生计模式能够继续在新的生境条件下实施。其首先面临问题是对于山溪水的改造，即如何将“坝子的河流及灌溉系统”运用于山谷与山腰地带。

山谷与山腰地带面临的问题是山地落差大，水流急，水势不稳。尤其是山溪水具有“易涨易落”的特点，对山溪改造的重点在于水流迟滞、稳定下来，并保有、储备部分水体，使其成为聚落农业耕作稳定的水源供给。到明清时期，据地方志记载，当地侗族民众已经能够较为熟练地掌握了通过堰、塘、陂、渠、枧、深田等手段涵养水源、灌溉田地的方法，同时还掌握了“踏车引水”等从低处提水的方法，这为其在山地构建水田系统提供了技术基础。

黄岗是对山溪进行改造的一个典型案例（图5-10）。据民族志考察，黄岗由位于河谷地带的四寨聚落分化而成。黄岗村寨所处海拔大约为760米，是海拔最高的侗族村寨之一，高出四寨河谷海拔约400米。黄岗村寨所处地为一四面高山环绕的谷地，山体海拔可高达900余米。谷地面积约300亩。谷地内有数条发源于周边山体的小溪，汇集成为黄岗溪，穿行而过，经谷地北侧水口流出汇入四寨河。山溪具有两个主要特点：一是保水性较弱，对降水的保有与迟滞能力很差，该地区山高水急，尽管降水十分丰沛，但很快都流入下游河流，原生生态系统保有、储备水体的能力十分有限；二是稳定性较差，溪水盈亏差别极大，常年流量低于0.5立方米/秒，较为严重的伏旱时即会发生断流，但当遭受暴雨之时，水位上涨却十分迅猛，据村民回忆，1990年曾发生过洪水暴涨，水量达到了约10立方米/秒，“当时全村约2/3的农户被淹”（崔海洋，2009）。黄岗先民对高山溪水主要通过以下三种方式进行改造。

第一，在山溪上游建设数量较多的小尺度的水塘，在源头保有水源，供给邻近水田灌溉，并调节下游水量。对山中随处可见的小溪，黄岗村民在源头或上游位置通过筑堰、引流等方式，建设众多小型水塘，并在水塘之下合适位置开垦高山梯田，水塘的水直接供其下数块水田灌溉利用。同时，众多位于上游的小型水塘综合发挥作用，对流经村庄的黄岗溪起到调蓄作用。

第二，建设深水稻田，以达到储、用、调节等综合功用。黄岗村稻田的田坎高度往往超过50厘米，远远超过河谷地区水田高度，在雨季能够大量储存雨水，在冬季休田期则加以保留，留待开春使用。由此，每一块稻田自身兼备了对灌溉用水的储藏与使用功能，同时还能对下游的溪、塘与田的水位进行调节。

第三，在黄岗寨子所处谷地地区大量建设水塘与稻田混合系统，兼具生产、保水、防洪等多重功能。黄岗所在谷地汇集多条山溪，在对水进行利用之时需时刻防范洪涝危险。因此，黄岗村民在溪水流经的基础上，通过筑坝留蓄、引水入洼地等方式，留蓄、迟滞住山水，同时还能在山洪来袭时

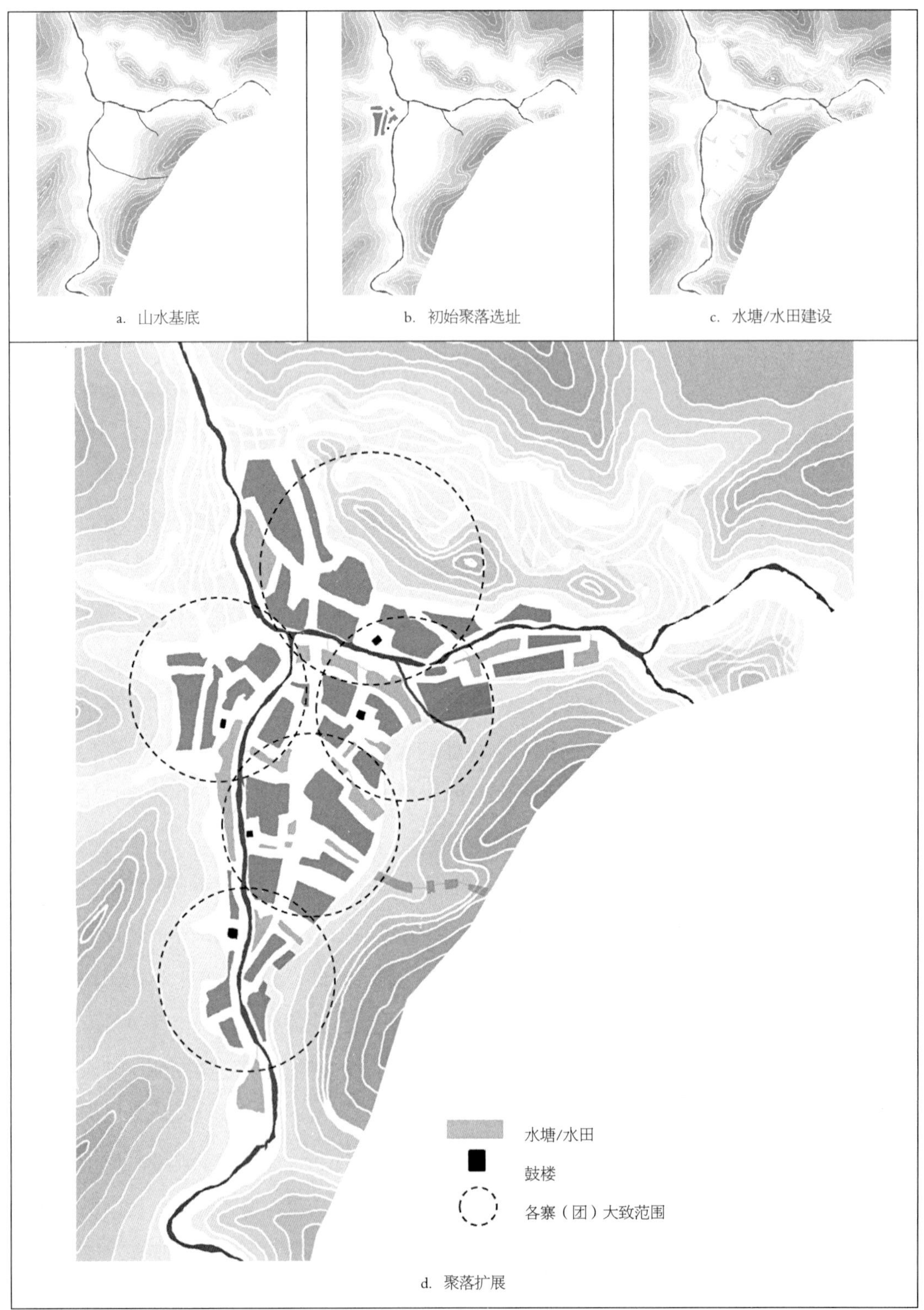

图5-10 黄岗聚落人居环境营建示意图
（来源：作者自绘）

起到分洪的功用。在此情况下，水塘与水田的界限较为模糊，水田可承担蓄水作用，大部分水塘中同样可以进行耕种，整个谷地大部分由星罗棋布的水塘—水田构成（甚至远超出图5-10-c中标示的水塘与水田范围）。直到90年代之前，黄岗谷地还被当地人称之为“高山泽国”。

由此，通过多种手段，黄岗聚落通过对原有山溪水系进行积极但有限度的改造，在高山之间形成了独具特色的“溪—塘—田”系统，建构出利于耕作生产的水体利用体系。这一体系发挥了重要的功用，正如罗康隆等（2011）研究表明，黄岗由水渠、水塘—稻田等构成的高山湿地系统面积仅占整个聚落的8%，但却为黄岗提供了80%以上的生存资源。

5.4.3 山地改造：形成层层梯田

与改造山溪使之具备稳定的灌溉功能同时，侗族先民还创造性地以构筑梯田的方式对坡地进行改造，实现了对河谷平坝稻田的“山地立体化”。当地修筑梯田主要有三种方式，“筑坝、填埋土石；将缓坡拉平；在山间出水口筑田埂”，并且“都是就地取材。所有的坝埂都由石块砌成，人为填入沙土和黏土”，通过这样的方式修筑的梯田具备很好的适应性，只需“依山引水就能保证稻田用水了”（罗康隆等，2011）。梯田营建过程中往往需遵循着世代传承的生存与创造规律：“造梯田有四个要素：一看坡度、二看光照、二看水、四看地质”，并且，梯田“宜小不宜大、顺山不破山”（季诚迁，2011）。

由肇兴聚落分化搬迁而成的堂安聚落（图5-11）位于高山的山腰地带，地势较陡，原本进行稻作生产的条件十分薄弱。但经过历代堂安村民的不懈改造，借助于由山顶流下的山溪水与当地涌出的山泉水，对坡地进行层层改造，在山腰地带形成了立体连片的梯田区，有力地支撑了堂安村民的生存。

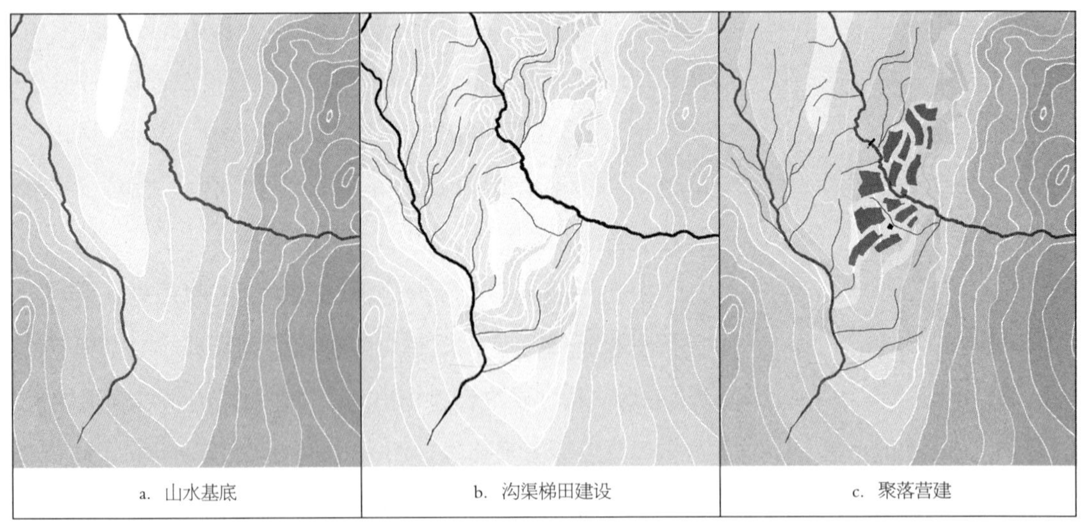

图5-11 堂安聚落人居环境营建示意图
（来源：作者自绘）

5.4.4 山林培育：最小改动、严蓄节用

山间谷地与山腰坡地聚落的侗族村民尤其注重保持所处山地森林生态系统的稳定。山林生态系统在涵养水源、防止地质灾害等方面起到决定性作用，其稳定与否，直接关系到聚落“水-塘-田”体系能否提供人类生存的基础保障。同时，该地区的山林生态系统往往十分脆弱，一经破坏，很难恢复。因此，侗族村民在聚落营建中一直秉承最小改造原则，同时严格蓄养山林，节制使用。

如前述所言，聚落营建之初需对山溪与坡地进行改造，不可避免会对山地原生生态系统产生影响，但侗族聚落先民一直秉承最小改动原则，尽量通过最小改动生态环境的方式来配置和利用各项资源。水塘与梯田建设尽量少地影响到林地，尤其是位于水源涵养地区的林地。如黄岗聚落，经过多年的营建，其林地面积仍然占到总面积的85%（罗康隆等，2011），仍然占据主导地位。

同时，聚落严格对林地进行蓄养培育。如各侗族村寨都会划定“风水林”或“护寨林”，这些林地通常位于村寨水源涵养区，这些林地往往严禁任何砍伐。如位于村庄西侧、高出村庄160米左右的“小岭”，一直作为村庄的“护寨林”与“公共坟山”，严禁任何砍伐。

对于其他地区的树林，侗族民众往往也以间伐、轮伐等方式节制使用，某些地区还规定在砍伐之后，必须补种相同数目的树苗，以保持山林能够自我更新。

如黄岗村，正是因为保持了聚落山体上的茂密树林，同时留存了深厚的地面腐殖层，使其能够发挥积极的生态功能。尤其是具有较强的涵水保水能力，涵养的地下水可以通过井泉等对地面降水形成补充，对调节山溪水量，使其保持常年稳定起到了重要作用。

5.4.5 山村建设：同构移置、随山就势

南侗地区侗族保持了较为鲜明且一致的民族文化特色，这在村庄建设方面有突出的体现。在山间谷地与山腰坡地聚落的村庄建设中，仍然以鼓楼、萨母坛等构成村庄的核心，民居围绕核心成组团布局或沿等高线展开，并且以风雨桥、寨门等严格限定村庄边界。这与河谷坝子地带的侗族村庄空间保持一致，具有很高同构特征。但是，山谷与坡地的聚落，因为其所处地形的不同，除了侗寨共有的特征之外，他们也具备一些特点。

如堂安侗寨（图5-11），其村庄围绕鼓楼等公共空间，顺山势走向形成多个台地，并在各台地分别沿各自等高线向两侧扩展。鼓楼仍然位于村庄核心位置，风雨桥位于村寨海拔最低的河流水口处。空间起伏自由，富于高下变化，村庄轮廓高低起伏，村庄整体结构与自然地形结合尤为紧密。

5.4.6 长期调适、局部优化与建章立制

在聚落格局形成之后的漫长时间里，侗族民众还不断对其进行调整、适应与优化，同时还通过“款约”等方式建立规制，进一步确保聚落的可持续发展。

例如，侗族禾仓往往单独设置于村寨外围，与村庄主体设置隔离带以防止火患波及，甚至架在水塘之上，彻底防范火患，这当是在发生火灾后对村庄布局进行的调整。再如，在该地区广泛采用于稻田中复合种、养殖的方式，形成“稻—鱼—鸭”复合生态系统，互相促进，形成了多重收益，扩大了稻田的产出，优化了这一空间生态系统。其中，清《黎平府志》即记载了稻田养鱼方式，“鲤为鱼王，无大小……清明节后，鲤生卵附水草，取出别盆浅水，置于树下，漏阳暴之，三五日即出仔，谓之鱼花。田肥池肥者，一年内可重四五两”。[1]

同时，侗族聚落还通过“款约”等方式，订立规制，协调各村寨，确保聚落持续稳定地发挥其最佳功用。如对于山地梯田最为重要的水资源的使用，设立款约，明确水流分配方式方法，确保水塘、水渠、梯田系统的持续运行：“讲到塘水渠水，我们如何共同使用?按照公时的款约来办，按照父时的条规来断。水共渠道，田共水源。上层归上层，下层归下层。有水从上减下，无水从下旱上。水尾难收稻谷，水头莫想吃鱼。莫要让谁人偷山塘，偷水坎；挖田埂，毁渠道”（苗延秀，1991）。再如对于滥砍滥伐者设立严格的惩戒制度“若是有人安心不良，安肠不善，扛斧窜山，背刀穿岭。进山偷柴，进林偷笋。偷干柴，砍生树。偷直木，砍弯树。抓得木证，拿得柴捆。要他父赔工，要他母赔钱”（苗延秀，1991）。

5.4.7 形成山间谷地“山—水—（塘）—田—林—村”与山腰坡地“山—水—梯田—林—村”聚落空间格局

基于山间谷地与山腰坡地的地形与生态条件，侗族先民在业已形成的“山—水—田—林—村”的空间模式和文化传统的基础上，首先对山间的水系与坡地进行改造，因地制宜构筑了“山溪—沟渠—塘田”系统与“梯田”系统；在改造中尽量不影响山地森林生态系统，注重培育山

[1] ［清］俞渭. 黎平府志［M］. 古籍影印本. 黄加服，段志洪，编. 中国地方志集成·贵州府县志辑（17）. 成都：巴蜀书社，2006.

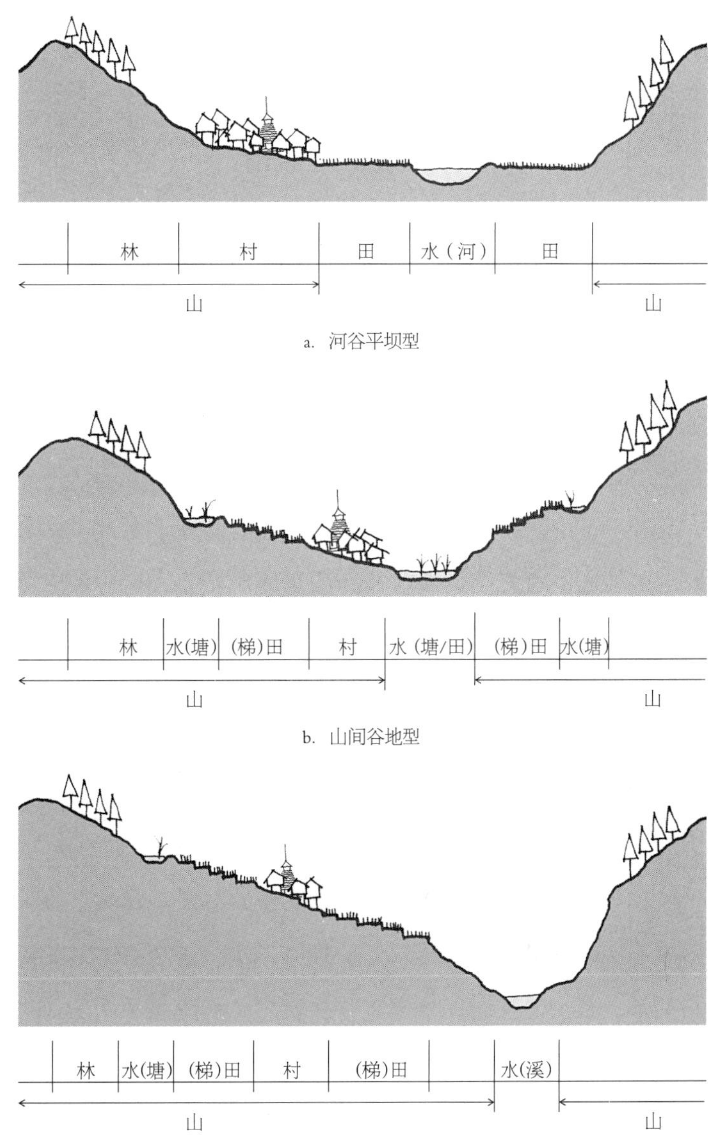

图5-12 南侗地区典型山地聚落人居环境剖面示意图
（来源：作者自绘）

林，保持山地生态系统稳定；在村寨建设中既保持业已形成的结构，也注重随山势自然起伏；并且在长期的生产生活过程中对聚落空间格局不断进行调整、优化，并建立相应规章制度，形成民风民俗，最终形成了针对山间谷地的“山—水—（塘）—田—林—村”空间格局，与针对山腰坡地的“山—水—梯田—林—村”空间格局（图5-12），建立了适应于地形与生态环境、满足聚落生存繁衍与可持续发展需要的山间聚落系统。

5.5 结论与讨论

本章的主要发现有以下三点：

第一，本章尝试建构了侗族先民在南侗地区沿“河谷宽坝—河谷窄坝—山间谷地—山腰坡地”的顺序先后进行聚落营建的历史谱系。文章根据口述民族志等资料，认为当地侗族先民在人口、气候、技术、战乱等因素综合形成的人地矛盾情况下，由河网平原地区迁徙进入当时尚处于未开发状态的南侗地区，首先选择耕作与居住条件最好、土地承载力最高、耕作技术要求最低的山区河谷坝子地带营建聚落，形成初级定居聚落。随之，人口繁衍又带来新一轮的人地矛盾，构成推动侗族先民向山中地带进一步迁徙的动力；与此同时，耕作技术发展到能够对山地溪流、坡地等进行改造以供稻田耕作的程度，使其具备了在山中地带生存并营建聚落的能力；于是，新一轮由河谷坝子聚落向山间盆地以及山腰坡地分化扩展的聚落营建过程开始发生，形成了次级甚至更次级的定居聚落。若干轮迁徙、分化、扩展之后，形成了今天南侗地区聚落的分类与分布情况。

第二，本章分析侗族先民在河谷坝子地区的营建活动，总结出“察山、布局；理水、开田；蓄林、立寨；同构、展拓”营建过程，并在此基础上提出聚落人居环境的“山—水—田—林—村”基本空间格局。这一格局是侗族先民在生存的最基本需求驱动下，历经数代人不断摸索、营造、调适所逐渐形成的，是当地侗族民众赖以生存和繁衍的基本空间保障。当地河谷地形生态条件、当地民众的生计模式、聚落空间格局三者相互作用，不断调整、优化、固定，形成了聚落人居环境空间格局与生计模式的最佳配置。同时，这也建构了当地侗族民众最为朴素、也最为牢固的聚落空间观念，也对民族文化的形成与固化产生了影响。

第三，笔者认为，在聚落由河谷地带向山中分化扩展的过程中，由“山—水—田—林—村”的基本空间格局出发，在重点对山间溪流和坡地进行适度改造之后，在山间谷地形成了“山—水—（塘）—田—林—村”的聚落空间格局，在山腰坡地形成了“山—水—（梯）田—林—村”的聚落空间格局。这一衍生的空间格局，因应了山间的地形与生态情况，保持了侗族民众以“稻耕”为核心的生计模式与文化特点，并且在随后长期的营建中不断调适，建立相应的规制，进一步促进了聚落空间格局的优化，提升了其适应性与可持续性。

总体而言，对南侗地区聚落人居环境营建过程的研究，有助于进一步发掘其聚落空间价值、民族文化价值以及生态环境价值，有利于系统总结山地聚落人居环境的建设模式，对当前的村镇建设，尤其是山地地区的村镇建设具有参考意义。但是，今天的侗族聚落也面临不少问题和挑战，尤其是随着工业化、城镇化、全球化的发展，聚落生计模式与民族文化正在发生巨大变迁，它将对聚落空间营建产生怎样影响等，是很值得我们进一步思考的问题。

本章参考文献

［清］俞渭．黎平府志［M］．古籍影印本．黄加服，段志洪，编．中国地方志集成·贵州府县志辑（17）．成都：巴蜀书社，2006．

［清］李宗昉．黔记［M］．古籍影印本．黄加服，段志洪，编．中国地方志集成·贵州府县志辑（5）．成都：巴蜀书社，2006．

Rapoport，A.. House form and culture[M]. Prentice Hall，1969.

《侗族简史》编写组．侗族简史[M]．贵阳：贵州人民出版社，1985．

蔡凌．侗族聚居区的传统村落与建筑[M]．北京：中国建筑工业出版社，2007：35．

陈幸良，邓敏文．中国侗族生态文化研究[M]．北京：中国林业出版社，2014．

崔海洋．人与稻田——贵州黎平黄岗侗族传统生计研究[M]．昆明：云南人民出版社，2009．

符太浩．溪蛮丛笑研究[M]．贵阳：贵州民族出版社，2003：218．

贵州师范大学地理研究所，贵州省农业资源区划办公室．贵州省地表自然形态信息数据量测研究[M]．贵阳：贵州科技出版社，2000．

国家民委《民族问题五种丛书》编辑委员会，《中国少数民族》编写组，《中国少数民族》修订编辑委员会．中国少数民族[M]．北京：民族出版社，2009．

洪寒松．侗族族称、族源初探[J]．贵州民族研究，1985，(10)：100-106．

季诚迁．古村落非物质文化遗产保护研究——以肇兴侗寨为个案[D]．北京：中央民族大学，2011．

李汉林．百苗图注释[M]．贵阳：贵州民族出版社，2001．

罗康隆，罗康智．传统文化中的生计策略——以侗族为例案[M]．北京：民族出版社，2009．

罗康隆，杨曾辉．生计资源配置与生态环境保护——以贵州黎平黄岗侗族社区为例[J]．民族研究，2011，(05)．

普虹，共苗．万古垂名[J]．贵州民族研究，1990，(04)：17．

黔东南苗族侗族自治州文艺研究室，贵州民间文艺研究会，编．侗族祖先哪里来（侗族古歌）[M]．贵阳：贵州人民出版社，1981．

沈洁．和谐与生存——对侗寨占里环境、人口与文化关系的人类学解读[D]．北京：中央民族大学，2011．

石若屏．浅谈侗族的族源与迁徙[J]．贵州民族研究，1984，(12)：75-88．

水利部珠江水利委员会，编．珠江流域片综合图集[Z]．2013．

吴良镛．广义建筑学[M]．北京：清华大学出版社，1989．

吴良镛．中国人居史[M]．北京：中国建筑工业出版社，2014．

张姗．贵州地扪侗寨的历史地理研究[D]．北京：中央民族大学，2009．

张寿祺．关于侗族名称的来源问题[J]．民族研究，1982，(03)．

（原载于《城市与区域规划研究》2016年第1期，在本书中有改动）

图片索引

后　记

2008年，刚进入吴良镛先生门下攻读博士学位不久，先生带领我们几位刚进入研究阶段的“小学生”赴西南某地调研。临近尾声，我们几位还想在调研结束之后，结伴去河谷更上游的地方探索一番，但又顾虑于旅途安全、日程安排等。正在踌躇之际，先生知道了我们的想法，特意晚上召集开会，给我们讲了他年轻时的故事，其中一句至今记忆犹新：“腿脚长在自己身上，趁年轻时候就要多去看看。”后来，沿途峡谷的自然格局、城镇村庄、史前聚落遗址等都留下了深刻的印象。此后没多久，该地区发生了罕见大地震。我们倍感遗憾的是当时为什么没有更多看一些地方，多记录一些东西。

此后，在吴良镛先生的指导下以贵州为对象开展相关研究。多次调研中逐渐领略到贵州各地少数民族聚落的美好，先生又鼓励我对此开展深入研究。2013年笔者获得博士学位后，吴先生多方联系，促成了清华大学建筑与城市研究所、贵州省住房和城乡建设厅《贵州省“四在农家·美丽乡村”人居环境整治示范项目合作备忘录》的签署，本系列研究的开展即得益于该项合作搭建的平台。从选题到调研到写作过程，吴良镛先生每每悉心指导。先生的言传身教，无论是对治学的不懈追求，还是对我国城乡建设、传统文化的高度责任感，都深深感动并影响着我，并将使我终身受益。

2013年起，我在朱文一教授的指导下继续博士后研究工作。两年间，朱文一教授悉心教导、关怀备至，并且还亲自参与到贵州相关的实践与研究具体过程中，与朱老师每每长时间讨论之后，都感觉到收获。在整个研究过程中，建筑与城市研究所的吴唯佳、毛其智、武廷海、张悦、左川、党安荣、刘健、于涛方、黄鹤、王英等教授也提供了悉心的指导与诸多帮助。在此一并表示感谢。

同时，贵州省住房和城乡建设厅、安顺市人民政府、安顺市住房和城乡建设局以及安顺市建筑设计院等多家单位对我们的工作给予了大力支持。尤其是张鹏、宋丽丽、毛家荣、张乾飞、陈好理、朱桂云、董立军、李顺安、封基铖、胡杰、石维国、曾宪民等同志。在此表示诚挚的谢意！

最后，感谢我的家人与妻子。在本书的研究进程中，我的儿子应桢出生，本书献给他。